LOPE DE VEGA
LOS CELOS DE RODAMONTE

EDICIÓN CRÍTICA

Sabatino G. Maglione

LANHAM • NEW YORK • LONDON

University Press of America,™ Inc.

4720 Boston Way
Lanham, MD 20706

3 Henrietta Street
London WC2E 8LU England

Printed in the United States of America

All University Press of America books are produced on acid-free paper which exceeds the minimum standards set by the National Historical Publications and Records Commission.

Library of Congress Cataloging in Publication Data

Vega, Lope de, 1562-1635.
Los celos de Rodamonte.

Bibliography: p.
I. Maglione, Sabatino G. II. Title.
PQ6439.C45 1985 862'.3 84-29156
ISBN 0-8191-4557-2 (alk. paper)
ISBN 0-8191-4558-0 (pbk. : alk. paper)

Alla memoria di mia madre,

Anna Maria De Masi Maglione

Deseo dar las gracias a los que me han ayudado en mi trabajo. Al profesor Louis Pérez le debo la lectura y sugerencias sobre parte de la introducción; a mi colega Pilar Fernandez- Cañadas de Greenwood le agradezco la lectura de las notas y los consejos sobre el estilo; doy muchas gracias a Dorothy Owens, mecanógrafa editorial de Ithaca College, por su generosidad y paciencia; a la Biblioteca Nacional de Madrid le agradezco el permiso para fotocopiar el manuscrito usado en esta edición.

SUMARIO

ABREVIATURAS

Bibl. Aut. Esp.	_Biblioteca de Autores Españoles_, Tomo 234, 1970.
Dicc. de Aut.	_Diccionario de Autoridades_, Madrid, 1963.
Dicc. Real Acad. Esp.	Diccionario de la Real Academia Española, Madrid, 1956.
Enc. Univ. Illust.	_Enciclopedia Universal Ilustrada_, Madrid, 1909.
R I E	_Revista de Ideas Estéticas_, 1945.

INTRODUCCIÓN

EL MANUSCRITO Y LAS EDICIONES PUBLICADAS

El manuscrito de Los celos de Rodamonte es un ejemplar del fondo Osuna y se conserva en la Biblioteca Nacional de Madrid bajo el número de identificación 16.907.[1] Si bien no está firmado, en el primer folio, bajo el título, se lee: "Compuesta por Lope de Vega." Después de los últimos versos, en el penúltimo folio, figura una atribución en latín: finis Laus Deo; y sobre las frases acto segundo y acto tercero figura una cruz, la cual es también conspicua en la palabra cristiano. Estas características coinciden con ciertos detalles convencionales que Lope usó en otras comedias.[2]

El manuscrito de Osuna consta de 77 folios y 3149 versos:[3] el primer acto se termina en el folio 22 y contiene 1034 versos; el segundo acto se concluye en el folio 43 y tiene 970 versos; y el tercero se acaba en el folio 76 y consta de 1145 versos. A primera vista parece que en el segundo acto intervino la pluma de otro copista, puesto que las letras son más claras que las del primer acto. Sin embargo la diferencia entre la escritura de estos actos es tan mínima que es difícil comprobar apriorísticamente que pertenezca a otra persona. Con todo, la caligrafía es todavía muy legible. Hay sólo cinco versos tachados: uno en el folio 6 debajo del verso 285; otro en el folio 27 al comienzo del verso 1189; y tres encajonados dentro de tres líneas verticales en el folio 49. Al lado derecho de las últimas tres rúbricas, en el último folio, figuran cuatro números cardinales en forma de adición: 16, 11, 11, y 38, la suma de los tres números precedentes. Dos rúbricas figuran también al final del tercer acto y una al final de la primera jornada. Todas las anotaciones, las entradas y salidas de los personajes están presentadas dentro de dos líneas horizontales.

En cuanto a las discrepancias ortográficas más acusadas del manuscrito, la inconsistencia en el uso de las letras mayúsculas para los nombres propios es muy patente. A veces en la mitad y al final de algunos versos se encuentran letras mayúsculas en palabras que ordinariamente no las requieren: Donde, La, Senora, Roble, Pastor. Se usa la b por v en palabras como vibe, bibo, balor, faborece. La m se convierte en n delante de las consonantes p y b: inporta, ronpa, enpresa, honbre, dicienbre, sonbra. La preposición de pierde la e delante del pronombre personal él, delante de los adjetivos demostrativos *estos*, *estas*, *ese*, y lo mismo ocurre cuando se trata del adverbio de lugar *aqui* y de algunos infinitivos que comienzan con vocal. Los pronombres reflexivos *me* y *te* a veces se hallan escritos de la siguiente manera: *mescondere*, *mencierra*, *molvide*, *tespantes*, *mesta*, lo cual facilita el significado y la función de la sinalefa. Hay muchas palabras en las que la *u* se usa por la *b* o *v* intervocálica: *cauellos*, *inportaua*, *Cordoua*, *fauor*. Muchas veces se encuentra *soi* por *soy*, *estoi* por *estoy*, *ai* por *hay*, *io* por *yo*. Palabras como *infierno*, *importa*, e *iba* se hallan escritas *ynfierno*, *ynporta*, y *yba*. La ese sonora intervocálica se redobla en las siguientes palabras: *cassar*, *espossa*. La zeta intervocálica es sustituida por la ç en palabras como *vengança* y *quiça*. La *h* inicial se halla omitida en varias palabras: *a* por *ha*, *e* por *he*, *ablar* por *hablar*, *aces* por *haces*. La *c* inicial se convierte en *q* en *qual*, *quando*, *quatro*, y *quanto*. Los verbos *ofrecer* y *ofender* llevan dos efes. La erre aparece en *Rrodamonte*, *Rrugero*, *rrey*, *rrayo* y *onrra*. Se usa *muxer* por *mujer*, *jigante* o *xigante* por *gigante*, *xente* por *gente*, *finxe* por *finge*, *xunto* por *junto*, *guesos* por *huesos*, *guesped* por *huesped*, *nadye* por *nadie*.

Los celos de Rodamonte ha sido impresa tres veces: la primera vez apareció en un tomo o parte de *Comedias de varios autores* recopiladas por Francisco Martorell en Tortosa en el año 1638, y fue atribuída apócrifamente a Mira de Amescua;[4] la segunda vez fue editada por Menéndez Pelayo y publicada en el tomo XIII de las ediciones de la Real Academia Española en 1902. Esta edición fue reimpresa y compilada en el tomo 234 de Biblioteca de Autores Españoles en 1970. Menéndez Pelayo hizo ver que "Tanto el manuscrito de Osuna, como el impreso de Tortosa, son incorrectísimos, pero sirven para corregirse mutuamente."[5] Dio, por tanto, todas las variantes de uno y otro en las notas, hizo varias correcciones, y modernizó la ortografía y puntuación.

Nuestra edición reproduce el manuscrito de Osuna que se conserva en la Biblioteca Nacional. Hemos dejado la ortografía tal como aparece en el manuscrito, con todas sus discrepancias ortográficas, para presentar no sólo una edición no muy diferente del manuscrito, sino para mantenernos fieles a la manera en que fue compuesta. Para disminuir fastidio al lector, hemos modernizado ciertas abreviaciones, como *q* por *que*, *aunqu* por *aunque*, *porq* por *porque*, y escribimos todos los nombres propios con letras mayúsculas. Aceptamos la puntuación moderna de la edición de Menéndez Pelayo.

Hemos cotejado el impreso de Tortosa y la edición de Menéndez Pelayo, y recogimos en notas no sólo todas las variantes entre el texto de Osuna y el de Tortosa, sino también las discrepancias más acusadas que hemos encontrado en su edición. Designamos el impreso de Tortosa con la letra T. y la edición de Menéndez Pelayo con las letras M.P. En cuanto a la restante notación, creemos haber propocionado los necesarios trasfondo cultural y fuentes literarias para facilitar un entendimiento mejor de Los celos de Rodamonte.

SINOPSIS

Acto 1.° La acción comienza en Tartaria, donde Celaura, Mandricardo y Candrimando, hijos del rey Agricán, compiten para probar quién de ellos es más capaz de subyugar a un personaje disfrazado. Éste es Laurimo, su tío paterno, el cual les informa que Agricán ha sido muerto, y los incita a que vayan a Francia para vengar su honra y aliarse con las fuerzas del rey Agramante que luchan contra Carlomagno. La muerte de Agricán ha manchado el honor de los tres hermanos, y sólo puede ser lavado con la sangre del ofensor, Orlando. Reivindicar la honra perdida será el manadero de una larga cadena de acontecimientos que abrirán caminos a otros episodios importantes. Así la acción de la comedia seguirá la suerte de los tres hermanos. En sus caminos no faltarán las intervenciones del poder mágico, ni las alusiones a titánicos héroes épicos. Mandricardo, imitando al Mandricardo del Orlando innamorato de Boiardo, a pie, solo y sin armas se pone en marcha hacia Francia. Al divisar unas armas sobre una peña, trata de alcanzarlas, pero se le quema la mano porque son armas encantadas. Aparece "la mágica encantadora" y le dice a Mandricardo que la venganza de él será reprimida por la fortuna, a menos que se apodere de estas armas de Héctor y Eneas, a las cuales les falta sólo la espada porque vino a caer en manos de Orlando. Entretanto, la vista de Candrimando es ofuscada por el resplandor de un escudo encantado, encima del cual hay un cartel que proclama que el mágico tesoro de este escudo puede ser alcanzado por quien venza a los fuertes Alcido y Tremedoro. Candrimando se empeña en cumplir esta profecía apaleando a los dos salvajes. No menos resuelta que sus hermanos se muestra Celaura, la cual se encamina hacia la playa con la esperanza de hallar un navío que la lleve a Europa. Fingiéndose bética, se embarca con Ferragut, el cual busca a la evasiva Angélica. En este episodio, Celaura se enamora inadvertidamente de Ferragut.

La acción se traslada a Granada, donde Rodamonte exalta la belleza de la ciudad con este lenguaje casi gongorino:

Los granos de tu granada
son perlas rrubíes, topacios,
y digo quen tus palacios
el sol puede hacer morada.
(vv. 644-647)

La suntuosidad encantadora de Granada está presentada como un cuadro renacentista, cuyo tema es una vista panorámica de una ciudad rodeada por una naturaleza idealizada, encuadrada en una perfecta simetría de colores. El diálogo entre Rodamonte y Doralice, hija del rey de Granada, revela de antemano la posibilidad de un amor incompatible entre ellos. Especialmente cuando Doralice dice:

Destas arrogancias bengo
a tanto enfado y temor,
que no le e cobrado amor
por el miedo que le tengo;
quel hombre que a de querer,
no a de ser tan arrogante;
que la umildad es diamante
contra el pecho de muger.
(vv. 776-783)

Junto a este posible amor conflictivo, se plantea la indiscutible e intransigente autoridad del padre, absoluta en los asuntos matrimoniales. Estordilano, padre de Doralice, quiere que ésta se case con Rodamonte para establecer una alianza política, la cual al parecer es más importante que la felicidad de Doralice. Rodamonte se juntará con las tropas de Agramante en Arle, donde será alcanzado por Doralice, en el caso de que él tarde en volver a Granada. En la última escena se produce una disputa repentina entre Rugero, Mandricardo y Candrimando. Éste queda muerto y Rugero desaparece mágicamente. Mandricardo cree que es una traición y la atribuye a su tío Laurimo.

Acto 2.° El principio del segundo acto tiene lugar en Francia. El convoy que está escoltando a Doralice acampa a seis millas del campamento de Agramante. Doralice expone más a fondo que no está enamorada de Rodamonte, y reprocha a Estordilano por haberla mandado sola a casarse con un hombre a quien no quiere; por eso dice: "tu membia a cassar,/ pero yo boi a morir" (vv. 1076-1077). Mientras Doralice descansa en su tienda bajo la vigilancia de sus soldados, dos de éstos, Boacén y Ardaín, se entretienen tirando con el arco, y según Ardaín, "... aquel que más cerca diere/de aquesta señal que hice,/ ese goce a Doralice,/y la pierde el que perdiere" (vv. 1118-1121). Sin embargo el vencedor es Mandricardo, el cual azota a los guías y se presenta ante Doralice comportándose como amante cortesano: se le muda el color de la cara al llegar a la tienda, se le hiela el corazón, tiene miedo y tiembla. Sus modos de expresión son altamente líricos. Habla la lengua de la poesía lírica cortesana, plena de giros retóricos y afectación. Por otra parte, Doralice muestra ser una mujer bien adiestrada en el juego del coqueteo. Al enterarse de la noble estirpe del tártaro, se ofrece a éste sólo con promesa de matrimonio.

La acción se traslada de nuevo a la sierra Ardenia, donde Celaura está por lanzarse al mar con el explícito propósito de suicidarse. Interviene Rugero y la persuade a que no se suicide, asumiendo las prerrogativas de hermano. A diferencia del primer acto, donde Celaura desempeña el papel de mujer valiente, con coraje no inferior al de sus hermanos, en esta escena es presentada débil, descorazonada, irresoluta y resignada a matarse por el honor perdido. Pero claro está que su nuevo comportamiento sirve, en parte, para justificar la intervención de Rugero, quien, al emprender su defensa, asume también las prerrogativas de caballero andante: reparar justicias y defender a las mujeres deshonradas. Mientras Rodamonte examina la estrategia que será usada en dar el asalto, Boacén le refiere lo ocurrido entre Doralice y Mandricardo. Rodamonte se exalta, clama contra Mahoma, y en el paroxismo de la ira mata a Boacén y jura vengarse. La primera víctima de su venganza es Celaura, a quien azota cruelmente después de enterarse que es hermana de Mandricardo. Al poco ésta muere en los brazos de Ferragut. Antes de que Celaura se muera, Ferragut se desposa con ella jurando vengarla, pero es una venganza nunca realizada.

<u>Acto 3.°</u> La acción tiene lugar en un ámbito bucólico, donde el pastor Belardo pronuncia un discurso sobre las ventajas de la vida campestre. En los versos 2017-2042 el campo se presenta como refugio de los peligros de la guerra; un lugar de descanso y paz que ofrece más beneficios que la corte. Pero también en este ambiente tranquilo el amor no correspondido puede ocasionar celos y locura. En efecto, Lisdano cuenta que Orlando ha enloquecido al ver unos retratos de Angélica y Medoro tallados en unos laureles, y en

consecuencia anda devastando el monte con una fuerza hercúlea. Cervino ha recogido las armas del loco proponiéndose defenderlas contra cualquier caballero que se atreviese a apoderarse de ellas. Mandricardo será el primer caballero que deseará la espada de Orlando.

Entretanto, Rodamonte acaba de llegar a la casa de Belardo, a quien le pide un aposento para aliviar sus penas amorosas. Belardo le ofrece la morada que antes dio a una dichosa pareja, Mandricardo y Doralice. Esta oferta enfurece a Rodamonte, el cual amenaza destruir la casa de Belardo. En la escena que sigue, Ferragut engaña a Bradamante diciéndole que Rugero la dejó por otra mujer. Bradamante se alarma, pero este recelo desaparece cuando se presenta Rugero. Rugero, Ferragut, Bradamante y Durandarte salen en busca de Mandricardo para vengar a Cervino. Lisdano se queda con Belardo y le cuenta la crueldad con la cual Mandricardo ha matado a Cervino y el dolor que ha causado a Isabel, novia de Cervino. Rodamonte y Mandricardo se desafían, pero el duelo se suspende porque Gradaso los persuade a que vayan a ayudar a Agramante. Éste acusa a Rodamonte de haber sido la causa de la pérdida de la batalla contra Carlomagno. Por otra parte, Rodamonte sólo está interesado en recobrar el honor perdido y en rescatar a Doralice, a quien también Mandricardo reclama. Intercede Agramante proponiendo que Doralice escoja al que más quiere. Cuando Doralice dice que se quedará con Mandricardo, Rodamonte prorrumpe en una invectiva contra las mujeres, y Mandricardo, en cambio, las alaba con gratitud. Llega Ferragut y les anuncia que Rugero se convertirá al cristianismo. La comedia concluye con el bautizo de Rugero.

LA FECHA Y LAS FUENTES

FECHA DE COMPOSICIÓN. Si bien la comedia no está fechada ni firmada, Menéndez Pelayo la atribuyó al Fénix de los ingenios, no sólo por su estilo sino por estar citada en la primera lista de El peregrino en su patria. Además, según añade el ilustre investigador santanderino, Lope se introduce en el tercer acto, oculto bajo el acostumbrado nombre poético de Belardo, y rubrica la comedia con una de sus habituales imitaciones del Beatus ille.[6]

De las quintillas dedicadas a la belleza de Granada, en el primer acto, Menéndez Pelayo dedujo que Lope debió de haberla escrito durante su estancia en Granada, poco antes de 1604.[7] Por otra parte, Morley y Bruerton, en The Chronology of Lope de Vega's Comedias, la fecharon, después de un minucioso análisis de las formas métricas, antes de 1596.[8] Años después, volvió sobre el tema Rinaldo Froldi, quien cree que Los celos de Rodamonte pertenece al mismo período que Las ferias de Madrid, o sea al año 1588. El hispanista italiano apoyó su tesis en el hallazgo de López Martínez, el cual "encontró un documento sevillano que atestigua cómo el cómico Gaspar de Porres autoriza a su colega y competidor Mateo de Salcedo para que, tras su actuación en Sevilla, represente durante el período de las festividades navideñas de 1588, y hasta el 6 de enero de 1589 las comedias de Lope Las ferias de Madrid y Los celos de Rodamonte."[9] Que ésta última pertenezca al mismo período que aquélla, añade Rinaldo Froldi, "nos es confirmado por el precioso recuerdo de la pasada historia amorosa que Lope pone en boca de un pastor, a quien le da el nombre de Belardo (tan usado por él como apodo poético propio)."[10]

A juzgar por las tres opiniones divergentes que acabamos de poner de relieve, parece que las conclusiones de Rinaldo Froldi son las más acertadas y convincentes. La fecha sugerida por Menéndez Pelayo no apoya autobiográficamente el recuerdo amoroso aludido por Belardo, ya que nos llevaría al tiempo en que Lope era marido de su segunda mujer, Juana de Guardo, y amante de la hermosa comediante, Micaela de Luján. Asimismo, en 1596, fecha propuesta por Morley y Bruerton, Lope debió de comenzar su amorío con Micaela de Luján, a la vez que empezaba los preparativos de su segunda boda. Por otra parte, la fecha sugerida por Rinaldo Froldi, 1588, coincide con el desenlace de los amores entre Elena Osorio y Lope de todos conocidos: libelos de Lope, encarcelamiento, proceso y destierro. La experiencia amorosa entre Lope y Elena Osorio, dramatizada en _Belardo el furioso_, en _La Dorotea_, y en varios romances y sonetos,[11] tiene correlación con la referencia biográfica interpolada en el tercer acto de nuestra comedia. Reproduzcámosla:

Ya e sido esclauo de amor
por rústico que me veys;
que en un tiempo fuy querido
fee mantube y tube fee,
oluidóme y oluidé
aborrezco aborrecido.
  Y así con aquella gloria
digo a veces mi rraçón;
que aunque perdí la ocasión,
no e perdido la memoria.
....
  a fe que me avéis costado
más dolor del que pensáys,
y presente renobáys
memorias de lo pasado;
  que como juntos coméys,
juntos andáis y dormís
y en sólo un cuerpo bivís,
y sólo un alma tenéis,
  y como siempre en los braços
tenéys, señor, vuestra esposa,
y ella os responde amorosa
con alguno y más abraços,
mil memorias de mi gloria
me abéys echo recordar,
y mil veces repasar
todo el libro de memoria;
  que yo, como vos, me bi
a medida del deseo,
y ia, como beys, me beo
llorar el bien que perdí.[12]

No hay duda de que en este pasado amoroso al que alude Belardo se advierte otro dato biográfico de los amores de Lope so capa pastoril. Es bien sabido que el Fénix, amante de Elena Osorio, fue desplazado hacia 1584 en el amor de su Elena por Francisco Perrenot de Granvela. Pero, según _La Dorotea_,[13] no cesó con esto la relación entre Elena y Lope hasta 1588, aunque éste se avino a compartir a su amada con el rico indiano. Si se considera que la ruptura definitiva entre Elena Osorio y Lope coincide con el año en que se presentó la comedia

Los celos de Rodamonte, o sea en 1588, fecha apoyada por Rinaldo Froldi, es muy verosímil que las redondillas citadas arriba aludan a los amores entre ellos, lo cual sugiere que dicha comedia se escribió el mismo año en que se presentó.

Es interesante notar que Belardo-Lope, al comentar su pasado amoroso con esa dulce nostalgia que le causa el dichoso amor entre Mandricardo y Doralice, parece estar envuelto en una calma olímpica, sin resentimiento, un aspecto que contrasta notablemente con la tormenta de celos, quejas y acusaciones que aparecen a través de *Belardo el furioso* y *La Dorotea*. Sin embargo, la calma que Belardo exhibe no es insólita, ya que Lope solía desplegarla a la vez que desfogaba sus vehementes quejas por otros medios. El profesor Trueblood, en *Experience and Artistic Expression*, ha analizado ciertos romances plenos de datos biográficos en los cuales ha hecho ver, muy acertadamente, cómo Lope escribía casi simultáneamente romances de sentimientos mixtos y otros de tono enteramente sumiso.[14] Dada esta dualidad en la expresión emotiva de Lope, ¿qué interpretación lógica podría darse al sosiego y a la nostalgia que demuestra Belardo al acordarse de su pasado amoroso citado anteriormente? ¿Se deberá a la posibilidad de que el Fénix, sabiendo que Elena Osorio se enteraría directa o indirectamente de esta alusión a sus amores, tratara de agradarla con la esperanza de que ésta le ayudara a reducir la sentencia del destierro? ¿Podemos, por otra parte, excluir la probabilidad de que este recuerdo amoroso no sea más que una sincera y dulce reminiscencia de un período feliz marcado por el amor correspondido entre Lope y Elena Osorio? Es imposible contestar aprioristicamente a estas preguntas. No obstante, y hasta que no contemos con nuevos documentos biográficos relacionados con la vida amorosa de Lope, no sería del todo injusto contestar afirmativamente a cada una de las preguntas expuestas arriba.

LAS FUENTES. Menéndez Pelayo, Antonio Portnoy, y Amos Parducci señalaron que tanto la mayor parte del argumento como los personajes proceden de dos obras maestras italianas: el *Orlando innamorato* de Mateo María Boiardo y el *Orlando furioso* de Ludovico Ariosto.[15] Sin embargo, ninguno de los tres críticos aducidos consideró la posibilidad de la influencia de otras fuentes. Por nuestra parte, nos inclinamos a creer que Lope ha podido derivar el bautismo y la muerte de Agricán (vv. 61-75) de un romance boiardesco titulado "En siendo Agricán vencido," cuyo manuscrito lleva el número 3168 y se halla en la Biblioteca Nacional de Madrid, folio 21 rº. Dice así:

> En siendo Agricán vençido
> de aquel valeroso Orlando,
> y aviéndolo con la espada
> el ielmo desenlaçado,
> por cortarle la cabeça
> sobre él está arrodillado.
> Viose el moro en tal aprieto,
> seña de predestinado,
> i ansí con amor crecido:
> a Orlando le está hablando:
> "Suspende el guolpe y venguança
> de ese fiero braço airado,
> que aunque de ti estoy vencido,
> no estoi de Dios olvidado.
> Sábete, fuerte guerrero,
> que quiero ser baptiçado,
> dime lo que de mi
> [a] hacer estoi obliguado,
> i harás tú de la tuia
> lo que deves a christiano."
> Orlando de guoso llora,
> de piedad señoreado,
> aceptado se lo a al Rei,
> y desque le hubo enseñado,
> fue por agua a una fuente
> en aquel ielmo encantado,
> con la qual baptiço luego
> a aquel guerrero tan bravo,
> quedando con gran deseo
> de estar siempre peleando,
> si en premio del vencimiento
> a de sacar un christiano.[16]

Lo que nos hace sospechar que Lope se haya podido inspirar en este romance es el verso octosilábico, la coincidencia de la fecha (fines del siglo XVI) y, sobre todo, la brevedad de la composición, la cual es más adaptable para una comedia que el largo episodio del _Orlando innamorato_ (I.XIX,2).

Es muy probable también que parte de la escena tercera del tercer acto de nuestra comedia, es decir, cuando Gradaso hace cesar el duelo entre Mandricardo y Rodamonte, esté inspirada en un romance fechado en 1573: "Doralice prefiere Mandricardo a Rodamonte," el cual fue recogido por Juan Timoneda en su _Rosa Gentil_ y reproducido recientemente por Maxime Chevalier.[17] En apoyo de esta conjetura, hacemos notar que en el Orlando furioso (XXIV, 107-110) no es Gradaso, sino un mensajero el que interviene en el desafío mencionado, lo cual presupone que Lope no ha seguido minuciosamente el poema de Ariosto. Por otra parte, en el romance que acabamos de citar, Ferragut interrumpe la agria disputa entre los dos aspirantes a la mano de Doralice. El que Lope se inspirara en este romance lo apoya también Maxime Chevalier cuando escribe "Es muy verosímil que Lope conociera el romance recogido por Timoneda, ya que el combate de Rodamonte y Mandricardo es interrumpido por Gradaso en Los celos de Rodamonte...Por Sacripante y Ferragut en Angélica en el Catay (acto III, Acad. XXIII, pag. 442)."[18]

Las huellas del romancero ariostesco parecen ser visibles también en el episodio de Bradamante, Ferragut y Rugero (vv. 2399-2482). En efecto, no es inverosímil que Lope se haya inspirado en los siguientes versos de un romance de Pedro de Padilla, titulado "Espera Bradamante ansiosa:"

> Y con esto se entretuvo
> hasta que saliendo un día
> de Montalván para ver
> si a Rugero encontraría,
> vio que del campo africano
> un cavallero venía,
> al qual pregunta la dama
> si de Rugero sabía.
> Y él por agradarla en esto
> dize que lo conocía,
> ....
> y que una hermosa dama,
> que se llamaba Marfisa,
> nunca dexava su lado,
> y en el campo se dezía
> que luego en estando sano
> con ella se casaría.[19]

La fecha de este romance, 1583, nos inclina a creer que Lope debió de leerlo. Pero claro está que Lope lo utiliza de un modo original; especialmente cuando Ferragut trata de picar a Bradamante (vv. 2443-2447), una graciosa burla que el Fénix emplea indudablemente para satisfacer el gusto del sector menos refinado de los espectadores. Con todo, Lope recrea y altera las fuentes aducidas de tal manera que lo que resulta es casi completamente distinto de lo original.

EL RODAMONTE DE LOPE Y EL DE ARIOSTO: Si bien el Rodamonte de esta comedia del Fénix deriva del Orlando furioso,[20] es obvio que Lope lo despoja de la caracterización completa y grandiosidad épica con las que lo pinta Ariosto y nos lo presenta como mero y vago esbozo del original; como figura dramática sin espina dorsal, manipulada a menudo por un autor que lo amolda a una dramatización que aspira sólo a entretener al público.

En cambio, en el Orlando furioso Ariosto le atribuye a Rodamonte las tradicionales características que los cantores épicos conferían sólo a los gigantes: fuerza bruta, ciego coraje, y heroísmo inconsciente y salvaje. En efecto, gigantesca es su apariencia, y de gigantes es su estirpe.[21] Bajo el muro de París, casi toda la acción gira en torno a su figura imponente, titánica, espectacular. He aquí un ejemplo:

> Qui fa restar con mezza gamba un piede,
> là fa un capo sbalzar lungi del busto;
> l'un tagliare a traverso se gli vede,
> dal capo all'anche un altro fender giusto:
> e di tanti ch'uccide, fere e caccia,
> non se gli vede alcun segnare in faccia.
> (XVI, 22)

Sin embargo, no son estas espectaculares hazañas las que hacen destacar a Rodamonte como héroe épico del poema, sino su humana complejidad; una ingenuidad que le hace creer que puede resolver cualquier problema con la propia fuerza. Ingenuo, pero sumamente humano, es el repentino amor que siente por Isabela, lo cual le empuja ciegamente a ser el causante de la muerte de ésta. Su fama de invencible viene a derrumbarse irónicamente, como si fuera un castigo divino, una justicia poética que intenta manifestar la fragilidad de la autosuficiencia humana: el invicto héroe épico es derrotado por Bradamante, una mujer guerrera. Su impulsividad, en consecuencia, le incita hacia la venganza. Al final del poema, se presenta en la corte del rey Carlos, donde se están celebrando las nupcias de Bradamante y Rugero, y desafía a éste. En las largas octavas dedicadas a este duelo, Ariosto nos hace sentir, mediante brillantes imágenes de las pasiones humanas, la violencia del ánimo con la cual Rodamonte riñe su última batalla. Rugero sale victorioso y el alma del moro, desligada del cuerpo, desaparece blasfemando sobre la escuálida ribera del Aqueronte. En síntesis, el Rodamonte de Ariosto se nos presenta como un héroe épico, dotado de volubles pasiones humanas y, sobre todo, de un orgullo personal que le lleva a luchar en vano contra las fuerzas de su sino.

En Los celos de Rodamonte, sin embargo, sólo aquí y allá se ven indicios que reflejan el personaje del poeta italiano. En el pasaje que se desarrolla bajo el muro de París, por ejemplo, no encontramos a un Rodamonte destacado como una colosal figura. Incluso, técnicamente, el mismo asalto que Ariosto describe con atentas y bellísimas imágenes, lo reduce Lope a una redondilla:

Bien será dar el asalto
por esta parte del muro,
ques lugar menos seguro
y está de socorro falto;
(vv. 1564-1567)

Tampoco encontramos referencias al enamoramiento de Rodamonte por Isabela y la derrota de aquél por Bradamante y Rugero. Los únicos rasgos que Lope parece haber conservado del modelo original son el temperamento colérico e iracundo y la petulancia, los cuales se evidencian, en parte, en los siguientes versos:

Santo Alá, si los coxo y arreuato,
entre mis braços le deshago el pecho,
los guesos le crebanto y descuarto,
y entre mis dientes mil pedaços hecho,
sus carnes como y de su sangre vebo,
del mundo que lo estorue a su despecho.
(vv. 1660-1665)

Pero pronto nos damos cuenta de la parodia que se esconde bajo estos versos, especialmente cuando en lo que sigue dice Rodamonte: "Quieres ver, Aridante, cómo pruebo?/Haz cuenta que eres Mandricardo fuerte" (vv. 1666-1667). ¡Estamos muy lejos del Rodamonte de Ariosto! Lope lo ha convertido en un personaje que causa risa; en uno que es, como dice Doralice, "todo cuerpo, todo voz,/ todo matar y bencer," (vv. 1064-1065). A veces excita un humor jocoso y su nombre se presta a retruécanos fáciles.[22] Por ejemplo, cuando Boacén le comunica a Mandricardo que el prometido esposo de Doralice es el "Rayo Rodamonte" (v. 1184), Mandricardo pregunta: "Con tal erre se pronuncia y llama?" (1185). La sonoridad campanuda de la erre inicial de las palabras rayos y Rodamonte se repite, con rotundidad de tono y prolongación sonora, en la respuesta de Boacén: "Es rabia y rayo, y rastro de cometa" (v. 1186).

LOCURA DE ORLANDO Y RODAMONTE: Lo que Lope nos presenta es, esencialmente, a un Rodamonte que se vuelve loco al enterarse de que Doralice, su prometida esposa, prefiere a otro amante. Según Amos Parducci, esta presentación del personaje está inspirada en la furia amorosa de Orlando.[23] Pero es obvio que el comportamiento del loco Rodamonte de la comedia no se parece en casi nada al del protagonista del poema italiano. En efecto, incluso la locura de ambos personajes manifiesta evidentes diferencias. La de Orlando, por ejemplo, constituye el núcleo del poema entero y es presentado como un drama humano que madura lentamente, acercándose a menudo a trágicos aspectos. Repentina, rápida, breve y poco convincente es la del Rodamonte de Lope, resultando, así, ridícula y pueril. Además, Ariosto atribuye la locura de Orlando a un "insopportabil some di gelosia, che se ne perá" (XXIII, 114), y a "odio, rabbia, ira e furore" (XXIII, 129). En Efecto, éstas son las mismas indomables pasiones que siente el Rodamonte de Lope, las cuales al igual que en el caso de Orlando, le impulsan a cometer actos de violencia y terror: en el paroxismo de la ira mata a Boacén, apalea a Celaura, amenaza a Belardo, y cuando Doralice escoge a Mandricardo como esposo, prorrumpe en una invectiva contra las mujeres. Por otra parte, en el exordio del canto XXIV del Orlando furioso se ve un rasgo distintivo de la locura de Orlando que difiere de la del personaje de Lope:

> che non e insomma amor, se non insania,
> a giudizio de' savi universale:
> e se ben come Orlando ognun no smania,
> su furor mostra a qualch'altro segnale.
> E quale e di pazzia segno piu espresso
> che, per altri voler, perder se stesso?

Orlando pierde el juicio y, en su enajenación mental, se desnuda inconscientemente y anda por los montes causando estragos y terror. Su locura se manifiesta en actos de violencia y en alucinaciones; y en el canto XXIV, 12-13, llega a tal extremo que desciende al nivel más bajo, al ferino o bestial, por lo que el loco pierde la capacidad de distinguir entre los hombres y animales. En cambio, el Rodamonte de Lope, a pesar de que actúa de una manera violenta, según hemos indicado anteriormente, nunca pierde completamente la razón, sino que está siempre consciente del fin que desea lograr: vengarse de Mandricardo y rescatar a Doralice.

En conclusión, en estas breves notas hemos aclarado algunas equivocadas conjeturas sobre la fecha de una comedia de Lope, las cuales se han repetido por largo tiempo en la crítica de su teatro. Además, a pesar del hecho de que varios críticos señalaron, acertadamente, que los materiales de la comedia proceden de las dos obras italianas citadas, nosotros hemos abierto la puerta a otras posibles fuentes que pudieron haber influido a Lope, las del romacero ariostesco citadas arriba. Finalmente, se ha hecho ver que en <u>Los celos de Rodamonte</u> no se reproduce una réplica de los héroes de Ariosto. Sin duda, el Fénix estaba vivamente consciente de la imposibilidad de poner en escena los inacabables e interdependientes episodios en los que se presentan las vicisitudes de Rodamonte y de Orlando del poema italiano. El Rodamonte de Lope en consecuencia no es un personaje épico, semitrágico, como el de Ariosto, sino una figura dramática que se mueve dentro de las normas fijas y limitadas de las comedias novelescas y cuyos sentimientos apasionados y fingida locura amorosa no tienen ningún equivalente en la obra de Ariosto.[24] Con todo, en esta comedia el talento de Lope es evidente; un talento que se explica mediante su capacidad artística de convertir los elementos de una fuente que le sugiere el ambiente, ya literario ya histórico, en una creación nueva, distinta de la original.

Esta parte de la introducción fue publicada bajo el título de "Notas sobre la fecha y las fuentes de <u>Los celos de Rodamonte</u>" en <u>Bulletin of the Comediantes</u>, Vol. 35, 1983, págs. 53-64.

COMENTARIOS

Muchos años han pasado desde que el profesor Schevill, en su notable edición crítica de La dama boba, se lamentó de la escasa accesibilidad de las obras dramáticas de Lope de Vega.[25] Afortunadamente, en las últimas cuatro décadas se han producido muchas ediciones críticas del teatro del Fénix. Sin embargo, la mayor parte de ellas tratan de sus mejores comedias, y algunas han sido reeditadas varias veces, iluminando cada vez más el entendimiento de su arte dramático. Creemos, sin embargo, que todavía hay mucho trabajo que hacer en el terreno de la publicación de los existentes manuscritos del Fénix. Por eso, la presente edición crítica de Los celos de Rodamonte es el resultado de un deseo de poder hacer un poco más accesible una de las tantas comedias que se mencionan de paso en varios estudios del teatro del Siglo de Oro, pero que nunca se leen o por falta de ediciones críticas cuidadosamente preparadas o porque han sido juzgadas indignas de ser leídas. En efecto, esta comedia ha suscitado muy poca crítica literaria. Que nosotros sepamos, hay sólo atisbos esporádicos y referencias ocasionales, pero siempre tangenciales, que aluden sólo a sus fuentes y a su pobre calidad dramática. Así, por ejemplo, Menéndez Pelayo, en su somero estudio sobre esta comedia (pág. 368), la juzgó "una de las peores y más monstruosas del género. Los materiales no podían ser mejores, pero su acumulación ahogó al dramaturgo." Análogamente, Amos Parducci, en su citado estudio (pág. 179), afirmó que el continuo interrumpir del desarrollo de la trama principal es una técnica que Lope derivó del Orlando furioso, y que esta interrupción es más eficaz en una obra narrativa que en una comedia. En la mencionada obra italiana, según Parducci, el iniciar y suspender los episodios constituyen una de las técnicas más destacadas. En cambio, en una obra dramática distraen y retardan inoportunamente el desarrollo de la acción. Paralelamente, Antonio Portnoy, en Ariosto y su influencia en la literatura española (pág. 186), la calificó fort tintamarresque et bizarre y agregó que "Salvo la calidad de los versos, la obra es realmente indigna de su admirable pluma. El hilo de la intriga se interrumpe a cada instante y sólo podía ser seguido sin confusión por el espectador que conociese en todos sus detalles el poema de Ariosto."

El juicio duro y negativo de los tres críticos

mencionados estaba determinado, con poder irresistible, por la ideología de sus tiempos; una ideología que se atenía a una sensibilidad interpretativa muy distinta de la época en que la comedia fue escrita. Pero la crítica más reciente del teatro del Siglo de Oro estima que el teatro de Lope "ha de ser explicado de acuerdo con las ideas y creencias, los sentimientos y la estética del siglo XVII...."[26] De ahí, se observará que, a diferencia de la opinión de Parducci, el distraer, ramificar y retardar el desarrollo de la acción, tanto en Los celos de Rodamonte como en otras comedias lopescas, constituyen unos de los rasgos más destacados de la técnica dramática del Fénix; en parte, los que dan variedad a la trama, una variedad que, según el mismo Lope, deleita mucho a los espectadores.[27] Aquellos espectadores sin paciencia para el desenvolvimiento de la acción, que aspiraban a divertirse "con la procacidad, las bromas, los cantos, la pompa de la declamación, las venganzas, los crímenes: la acción, en una palabra."[28] Una acción que tenía primacia sobre la caracterización.[29] Todo lo aducido debió de ser lo que le impulsó a Lope a sentir esa necesidad ineludible de satisfacer la "cólera de un español sentado" que no se contentaba "Si no le presentaban en dos horas/hasta el final juicio desde el Génesis."[30]

La confusión aludida por Portnoy tampoco queda justificada, puesto que el teatro de Lope, igual que todo teatro del Siglo de Oro, "se dirigía a un público que estaba enterado de muchas de las cosas que en las escenas iban a suceder,"[31] y muchas de "estas cosas," incluso los temas ariostescos, se sabían mediante la tradición oral, el romancero, la poesía y centones y polianteas. Además, el interrumpir el hilo de la intriga con nuevos episodios no es un defecto, sino una parte escogida intencionalmente por el dramaturgo. Cristóbal Suaréz de Figueroa, el crítico del Arte nuevo, nos explica que "La acción [de la comedia], conservando su unidad, no ha de ser simple, sino compuesta de otras accesorias, que llaman episodios. Débense ingerir en la principal de tal manera que juntas miren a un mismo blanco, y que con la más digna se terminen todas."[32] Diego Marín sostiene que "En ese 'mirar a un mismo blanco' está la unidad temática o de intención que liga a los elementos más dispersos de la acción sin que se deje sentir su dispersión, o mejor dicho, dejando que su misma dispersión material contribuya a resaltar por contraste la unidad moral del conjunto. Estamos ante un nuevo ideal de belleza, el barroco, que halla mayor goce estético en llegar a la unidad y al orden a través de la multiplicidad y del aparente desorden que por medio de la simplicidad y claridad de las obras clásicas; es un equilibrio inestable más que estable."[33] Desde aquí, es posible ver en la estructura de Los celos de Rodamonte un arte adecuado a la estética barroca, ya que parte de su valor reside precisamente en esa acumulación o multitud de episodios, los cuales no sólo mantienen a los espectadores en agradable suspensión, sino que, además, constituyen la unidad temática, relacionándose por una diversificación paralelística y contrastante de tres temas fundamentales: honor, amor y celos.

Con todo, las observaciones negativas de los citados críticos no son del todo injustificadas. Es evidente que Los celos de Rodamonte no es una obra dramática del mismo prestigio artístico de que gozan comedias como Fuenteovejuna, Peribáñez, El caballero de Olmedo y otras renombradas comedias de Lope. Rinaldo Froldi tiene razón cuando dice que "no es una comedia en su específica significación, [sino que] hace parte de esas tentativas dramáticas gobernadas por un gusto eminentemente literario, por no decir libresco, incierto entre lo épico y lo lírico, [y que] se mueve en el dominio de la tradición épico-caballeresca" (pág. 153). Sin embargo, su magro valor artístico no deberá ser un pretexto para enterrarla en la sepultura del olvido y silencio. Tenemos la obligación de dar a conocer y examinar todo lo que nos queda del teatro de Lope de Vega, lo bueno y lo malo, puesto que según se suele decir aún en lo malo se encuentra algo bueno. Parte de lo bueno de esta comedia reside en que sabemos con certidumbre que pertenece a sus primeras composiciones, lo cual contribuye a una mejor evaluación cronológica de su larga experiencia dramatúrgica. Tal vez, el aspecto más valioso de esta comedia es que su existencia apoya la tesis de que la vasta producción dramática del Fénix no ha obedicido siempre a una fórmula fija, sino que se ha alterado, modificado, y adaptado a sus crecientes exigencias artísticas, a su aplauso por la novedad, y a sus necesidades económicas.[34]

ANALISIS MÉTRICO DE LOS CELOS DE RODAMONTE

Acto Primero

Número total	Forma estrófica	Número de versos
1-230	Quintillas	230
231-264	Tercetos	34
265-314	Quintillas	50
315-322	Octavas	8
323-362	Quintillas	40
363-536	Octavas	174
537-631	Quintillas	95
632-827	Redondillas	196
828-853	Sueltos	26
854-1034	Redondillas	181
	Total versos.....	1034

Acto Segundo

Número total	Forma estrófica	Número de versos
1035-1133	Redondillas	99
1134-1213	Tercetos	80
1214-1373	Redondillas	160
1374-1563	Quintillas	190
1564-1583	Redondillas	20
1584-1707	Tercetos	124
1708-1866	Redondillas	159
1867-1945	Quintillas	79
1946-2004	Redondillas	59
	Total versos.....	970

Acto tercero

Número total	Forma estrófica	Número de versos
2005-2016	Sueltos	12
2017-2042	Canción	26
2043-2122	Redondillas	80
2123-2220	Tercetos	98
2221-2227	Sueltos	7
2228-2245	Quintillas	18
2246-2398	Liras	153
2399-2554	Redondillas	156
2555-2685	Tercetos	131
2686-2825	Quintillas	140
2826-2838	Sueltos	13
2839-2869	Octavas	31
2870-2925	Redondillas	56
2926-2974	Tercetos	49
2975-3004	Quintillas	30
3005-3082	Liras	78
3083-3094	Redondillas	12
3095-3121	Tercetos	27
3122-3149	Octavas	28
	Total versos.....	1145

Morley y Bruerton, Chronology, pág. 20, dan un total de 3.175 versos. Esta diferencia se explica por el hecho de que su análisis métrico de Los celos de Rodamonte está basado en la edición de la Academia (pág. 140). Además, su método de computación (pág. 5) les permite agregar versos para completar estrofas defectuosas de algunos tercetos, octavas, redondillas, y quintillas del texto. Nuestra computación abarca el número total de los versos del manuscrito. No hemos añadido versos a las estrofas defectuosas.

NOTAS

1. A. Paz y Meliá, Catálogo de las piezas de teatro que se conservan en el departamento de manuscritos de la Biblioteca Nacional, 2ª ed. (Madrid: Blass S. A. Tipografía, 1934), I, pág. 365. En la misma página de este catálogo se lee: "Al asunto, y con igual título, hay una de Rojas Zorilla y otra de Mira de Amescua."

2. Véase William L. Fichter, "New Aids for Dating the Undated Autographs of Lope de Vega's Plays," Hispanic Review, IX, 1941, págs. 79-90.

3. Marcelino Menéndez Pelayo, Estudios sobre el teatro de Lope, V, ed. Enrique Sánchez Reyes, Edición Nacional de las obras completas de Menéndez y Pelayo, 33 (Santander, Aldus, 1949), pág. 365.

4. Menéndez Pelayo, pág. 365.

5. Nuestra computación de la versificación de la comedia difiere de la de S. Griswold y Courtney Bruerton, los cuales contaron 3.175 versos. Véase su The Chronology of Lope de Vega's Comedias (New York: Kraus Reprint Corp., 1966), pág. 20.

6. Menéndez Pelayo, pág. 365.

7. Menéndez Pelayo, pág. 366.

8. S. Griswold Morley y Courtney Bruerton, The Chronology of Lope de Vega's Comedias (New York: Kraus Reprint Corp., 1966), pág. 140. Véase también Courtney Bruerton, "Las ferias de Madrid de Lope de Vega," Bulletin Hispanique, LVII, 1955, pág. 56.

9. Rinaldo Froldi, Lope de Vega y la formación de la comedia (Madrid: Ediciones Anaya, 1968), pág. 140. Véase también Américo Castro y Hugo A. Rennert, Vida de Lope de Vega (New York: Las Américas Publishing Comp., 1968), pág. 523.

10. Rinaldo Froldi, pág. 146.

11. Véase el interesante estudio de Fernando Lázaro Carreter titulado "Lope, pastor robado: Vida y arte, en los sonetos de los mansos," en Estilo Barroco y personalidad creadora (Madrid: Ediciones Cátedra, 1974), págs. 149-67.

12. Citamos por el manuscrito de Los celos de Rodamonte que se conserva en la Biblioteca Nacional de Madrid, folios 45-46, vv. 2067-2100. Las otras referencias a este manuscrito aparecen en el texto.

13. Véase el acto V, esc. III de La Dorotea, ed. Edwin S. Morbey (Madrid: Castalia, 1968), págs. 400-422. Consúltese también el ya citado trabajo de Lázaro Carreter, pág. 150.

14. Alan S. Trueblood, Experience and Artistic Expression in Lope de Vega (Cambridge: Harvard University Press, 1974), pág. 79.

15. Menéndez Pelayo, cf. notas 4, 6, 7, págs. 366-68, dice: "La comedia de Los celos de Rodamonte está formada por la combinación o contaminación (como decía Terencio) de varios episodios de los dos Orlandos, el Enamorado y el Furioso, aunque predomina con gran exceso la imitación del segundo. Del de Boyardo solamente se derivan las primeras escenas, en que el tártaro Mandricardo, disponiéndose a pasar a Francia, con intento de vengar a su padre Agricán, muerto a manos de Orlando, obtiene, por artes de la mágica Febosila, las armas encantadas de Héctor el Troyano. . . . Los cantos de Orlando furioso que tienen relación con esta comedia son el XIV (rapto que ejecuta Mandricardo en Doralice, princesa granadina prometida a Rodamonte); el XVII (discordia del campo de Agramante por la rivalidad y celos de Mandricardo y Rodamonte); el XXII (en que Rugero arroja a un pozo el escudo encantado); el XXIII (principio de las aventuras de Isabela y Cervino); el XXIV (combate entre Mandricardo y Rodamonte, y tregua que les impone Doralice); el XXVII (Doralice, obligada por el rey Agramante a escoger entre su pretendientes desdeña a Rodamonte y prefiere a Mandricardo: ira y furor de Rodamonte contra su amada y contra todas las mujeres): el XLVI (Bodas de Rugero y Bradamente)." Parecidas observaciones pueden verse en los estudios de Antonio Portnoy, Ariosto y su influencia en la literatura española (Buenos Aires: Estrada, 1932), págs. 180-83; Amos Parducci, La fortuna dell'Orlando furioso nel teatro spagnuolo, GSLI, Supplemento No. 26 (1937); págs. 167-79.

16. Maxime Chevalier, Los temas ariostescos en el romancero y la poesía española del siglo de oro (Madrid: Castalia, 1968), pág. 327.

17. Chevalier, pág. 66.

18. Chevalier, pág. 69.

19. Chevalier, pág. 183.

20. No hay ninguna semejanza entre el Rodamonte de Lope y el de Boiardo; sería inútil, por tanto, comparar a los dos personajes.

21. Ludovico Ariosto, *Orlando furioso*, Vol. I de *Tutte le opere di Ludovico Ariosto* (Mondadori, 1964), págs. 314-15 (XIV. 118-20). Las otras referencias a esta obra aparecen en el texto.

22. Véase pág. 91 del citado texto de Chevalier.

23. Dice Amos Parducci en pág. 177 de su citado texto: "Questa furia amorosa di Rodamonte non è nell'-Ariosto, ma è ispirata a quella di Orlando. La stessa è la causa, la preferenza concessa dalla amata ad altro amatore."

24. "Los poetas españoles gustan de atribuir al fiero Rodamonte sentimientos apasionados y amorosos lamentos que no tienen ningún equivalente en la obra de Ariosto ni en la de Boiardo." Chevalier, pág. 65.

25. Lope de Vega, *La dama boba* en *The Dramatic Art of Lope de Vega Together With La dama boba*, ed. Rudolph Schevill (New York: Russell and Russell, 1964), págs. 1-5.

26. José Francisco Gatti, *El teatro de Lope de Vega: Artículos y estudios* (Buenos Aires: Editorial universitaria, 1962), pág. 7.

27. Lope de Vega, *Arte nuevo de hacer comedias* y *La discreta enamorada* (Buenos Aires: Espasa-Calpe, 1948), pág. 14. "Que aquesta variedad deleita mucho./ Buen ejemplo nos da naturaleza,/Que por tal variedad tiene belleza."

28. Alonso Zamora Vicente, *Lope de Vega. Su vida y su obra* (Madrid: Editorial Gredos, 1969), pág. 208.

29. A. A. Parker, "The Approach to the Spanish Drama of the Golden Age," *Diamante Series*, 6 (1971), pág. 29.

30. Lope de Vega, *Arte nuevo*, pág. 15.

31. Zamora Vicente, pág. 208.

32. Diego Marín, *La intriga secundaria en el teatro de Lope de Vega* (Toronto y México, 1958), pág. 21.

33. Diego Marín, págs. 21-22.

34. Zamora Vicente, pág. 217, escribe que Lope "Muchas veces, en prólogos y cartas alude a que escribe por dinero, y no le importa lo que digan los críticos; que sus versos son mercantiles, etc." Véase también pág. 12 del citado *Arte nuevo*.

COMEDIA FAMOSA
DE
LOS CELOS DE RODAMONTE
COMPUESTA POR*
LOPE DE VEGA CARPIO

FIGURAS

MANDRICARDO
CANDRIMANDO
CELAURA
LAURIMO
RODAMONTE
GRADASO
AGRAMANTE
DORALICE
ESTORDILÁN, REY
BOACÉN
MOHAMAT
ALÍ
LISDANO
FEBOSILA, MÁGICA
FERRAGUT
BRADAMANTE
RUGERO
BELARDO
ARDAÍN
DURANDARTE

*M.P., de Lope de Vega Carpio.

ACTO PRIMERO

Salen Celaura, Mandricardo y Candrimando hermanos — Folio, 1

Celaura. Tente, hermano Mandricardo;
déxame hacer esta suerte.
Mandricardo. ¿Piensas tú que me acobardo?
Candrimando. ¿Ó yo que temo la muerte
y de su rrostro me guardo?
Celaura. Pues desta suerte, en mis braços,
los guesos le aré pedaços.
Mandricardo. ¿Cómo, que afrentarme quieres?
Candrimando. Enbídiente las mugeres
esos honestos abraços.

Derríbase la cabeça Laurimo, tío de todos tres, y es de león la cabeça, y a de salir mui biejo Laurimo.

Laurimo. No más, Celaura, no más;
del balor que te gobierna
bastantes indicios das,
pues dexas la fama eterna
de muchos buenos, atrás.
Yo soi Laurimo, el hermano
de vuestro padre Agricano,
y vuestro tío y tutor.
Mandricardo. Rrasga este pecho, señor,
con las uñas desa mano;
perdona el atrebimiento
de la ofensa de los tres;
que, á tener conocimiento
no mobiéramos los pies,
Laurimo, en tu seguimiento.
Si sangre te emos costado,
quede este campo bañado
con la que bertieres nuestra.
Laurimo. Sobrinos, la mía es buestra;
sólo me costáis cuidado.
Que buestro tenplado acero,
de aquesta piel de león
rronpió solamente el cuero;
que estaba en esta ficción
seguro lo verdadero.

---

5. T., ni. 8. T., Afrentarnos. 17. T., Africano. 18. T., De su sangre y su valor. 26. T., sacado. 34. T., ocasión.

Hoy buestra bida rreformo, Folio, 2
y con mi mágica formo
más que el enbentor Ardanio
aqueste león de Albanio
y en su cuerpo me transformo,
y sólo para abisaros
del descuido que tenéis.
De Agricán sois hijos claros,
cuya sangre escurecéis,
y de sus aguelos claros,
¿cómo, sobrinos amados,
los miembros despedaçados
goça el cristiano en París
y en vuestra tierra bibís
en el ocio sepultados?
¡A, Mandricardo baliente!
¡A, Candrimando dichoso!
¡A, Celaura! Ilustre gente,
de aquel Agricán famoso
sangre i balor decendiente,
¿cómo que esté por los suelos
vuestro nonbre, que a los cielos
es justo que lebantéis,
y que así degeneréis
de vuestros nobles aguelos?
¿Cómo que estéis descansando
y durmiendo al pie de un rroble
mientras un cristiano Orlando
está a vuestro padre noble
hiriendo y despedaçando?
¿Qué dolor abrá que exceda
a pedir que le conceda
el agua de su bautismo,
y que le beautice él mismo
y muerto cristiano queda?
Murió mi famoso hermano,
y vuestro padre acabó
en las manos de un cristiano;
por quien cristiano murió,
dos muertes en una mano.
Esto siento, y los sintieron
los dioses que le pusieron

---

37. T., con esta imagen que formo. 39. T., con este león Albano. 41. M.P., transcribe "acusaros." T., avisaros. 44. M.P., obscurecéis. T., escurecéis. 56. T., con desvuello. 62. T., tan gran peligro os cuadre. 64. T., noble padre. 66. T., que pueda. 67. T., pedir. 72. T., murió. 73. M.P., a las manos. 75. T., esto siento yo / dos muertes en una mano.

corona y cetro de rrey;
que al fin no murió en la lei
que nuestros padres murieron.
  ¡Hijos, su muerte os alcança,
que no a de tocar a otros!
¡Salga cierta la esperança
que cupo siempre en vosotros
en procurar su benganza!
  ¡Partid a Francia, sobrinos;
cubran montes y caminos
vuestros tártaros basallos,
carros, armas, y caballos;
rrelunbren aceros finos!
  Y tú, Celaura baliente,
que sabes hacer pedaços
de un león la boca y frente,
lebanta los fuertes braços,
honrra y gloria del Oriente;
  que si en descubierta plaça
tu mano le despedaça,
¿cómo vibe desta suerte
quien a tu padre dio muerte
y a vuestro imperio amenaça? Folio,3--
  Contra el campo de Agramante
sobre Arle peleando
está el soberbio arrogante,
aquese temido Orlando
desde Poniente a Lebante.
  ¡Ea, sobrinos famosos
que con echos balerosos
vuestro padre muerto os llama,
bolbed el rrostro a la fama
y bolberéis vitoriosos!

<u>Dexa caer Laurimo la cabeça de león, y base</u>.

Mandricardo. ¿Cómo, que mi padre es muerto?
Candrimando. ¿Cómo, que murió mi padre?
Celaura. Que murió mi padre, ¿es cierto?
Mandricardo. ¡Adiós, patria amada, madre!
Candrimando. ¡Adiós, monte; adiós, desierto!
Celaura. ¡Adiós, infame exercicio
de la paç, ocioso vicio!
¡Adiós, casa y libertad!

---

95. T., gloria y honor del Oriente. 102. T., fuertemente peleando.

Candrimando. ¡Adiós, montes y ciudad!
Mandricardo. ¡Adiós, plebeyo bullicio!
¡Adiós, tártaro gobierno;
que, ¡por Alá soberano!
Hago juramento eterno
de matar a este cristiano
aunque se baje al infierno!
¡Padre Agricán, bibo estoi,
tu hijo y tu sangre soi,
el primero y sin segundo!
¡Tienble Francia y tienble el mundo;
que a vengar tu muerte voy!

Vase.

Candrimando. Padre, si el cristiano Orlando
fue la cristiana victoria
con su sangre publicando,
viba queda la memoria
en tu hijo Candrimando.
Con juramento solemne,
por la luz que agora tiene
el sol que adora Tartaria,
que contra Francia contraria
un rrayo del cielo biene.
Ya las lágrimas enjugo
de tu muerte yrreparable;
seré açote y verdugo,
que su cerbix indomable
sujete el bárbaro yugo.
Rremotas son y distintas
las tierras; mas tú me pintas
las armas y lises de oro
de color de muerte y lloro,
en tu misma sangre tintas.
Aguárde el cristiano y mate
al hijo, si al padre a muerto;
a pie me parto al conbate;
que para llegar al puerto
no e de calçar acicate.

---

119. T., adiós campo, adiós ciudad. 124. T., de buscar.
138. T., que alumbra a. 150. T., en tu Rosa sangre.

Vase.

Celaura. No lágrimas de dolor
por la parte que me abraça,
como muger sin balor,
padre, ofrezco a tu vengança,
sino baronil furor.
¿Soi menos que Candrimando
para matarte, Orlando, Folio, 4
o que Mandricardo menos?
Si tus dos hijos son buenos,
sus pasos boi imitando.
Hechura soi de tus manos,
de tu balor se me acuerda:
¡mueran aquesos cristianos!
¿Qué inporta que yo me pierda,
si pierdo padre y hermanos?
Agora el despojo goce
Francia, que no me conoce;
que si allá pongo los pies,
bañaré el muro francés
con la sangre de los doce.

Vase.

Sale Mandricardo.

Mandircardo. Aquí verás de la suerte,
padre, que a tus hijos armas
de furor rrabioso y fuerte,
pues a pie, solo y sin armas,
me parto a bengar tu muerte;
que basta sólo mi nonbre
para que Francia se asonbre,
y contra Francia no boi;
de un honbre ofendido soi,
para un honbre basta un honbre.
¿De qué serbirá sacar
grueso exército por tierra,
grande armada por la mar?
Que a sólo un honbre que yerra
puede un honbre castigar,
y más el que a Francia parte;

157. M.P., alcanza. 158. T., sin honor. 160. T., valor. 163. T., y que Mandricardo menos/para matar este Orlando. 178. T., de furor airada suerte. 184. M.P., estoy. 186. T., servirá. M.P., sirviera. 188. T., gruesa. 189. T., si.

que sé io, que en toda parte
donde Marte bibe oy,
dicen que su hijo soi,
y aún no tomaré ser Marte.
¡A, christiano, un poco espera;
que si probaste el furor
de quien diste muerte fiera,
verás si de su balor
Mandricardo degenera,
y prueba tus fuerças biles
con los braços jubeniles.
Quiçá mudarás consejo;
que matar mi padre biejo
no son haçañas de Aquiles.

Mira Mandricardo las armas que están en el monte.

Armas son éstas sin falta,
y de labor peregrino:
sola una cosa les falta,
que entonces su tenple es fino
quando sangre las esmalta.
¡Armas en aqueste monte!
¿Quién en todo su oriçonte,
tales se las pone al pecho?
Parece que las an echo

Echa la mano a la peña.

En Etna, Esterope y Bronte:
quiero alcançar la celada.
¡A, dura peña encantada!
¡Fácil engañoso caso!
¡Vibe el cielo, que me abraso!
¡La mano tengo abrasada,
todo me enciendo en su fuego!
¡O duro desasosiego!
¡Que me abraso, que me quemo! Folio, 5
Laurimo, de ti blasfemo

---

195. T., aun no lo merece Marte. 197. M.P., probase. 202. T., Con mis brazos invencibles. 204. T., que matar a un pobre viejo. M.P., que matar un pobre viejo. 207. M.P., valor peregrino. 210. T., sangre: que es su temple fino/cuando sangre las esmalta. 215. Falta este verso en T. 217. M.P., ¡Ah, dura peña: ah, encantada! T., Febolisa, Mágica.

si no me socorres luego.
¿Este es fuego o es furor?
Por aquí suena una fuente:
echarme será mejor,
recíbame su corriente
y tienple el furioso ardor.

Métese entre el monte como que se va a echar en la fuente, y sale por otra parte la mágica encantadora.

Mágica.

Mandricardo valiente, ya se llega
el tienpo de que el centro del ovido
rrenonbre a la divina fama entrega.
Ese furor colérico encendido,
que de Agricán te lleba la vengança,
será de la fortuna rreprimido;
mas si tu mano poderosa alcança
las quen tu fuego tencendieron armas,
en ellas te aseguro tu esperança.
Aquellas pieças del troyano fueron,
quel griego Aquiles arrastró por Troya
quando las puertas al caballo abrieron,
y en ellas solas tu esperança apoya;
que no conoce el mundo, ni lo creas,
en sus tesoro tan preciosa joya.
Éstas llebó después a Italia Eneas,
donde, por uno y otro decendiente,
an benido a lugar que tú las beas.
La fuerte espada falta solamente;
que aquésta bino a su poder de Almonte,
y agora tiene el paladín baliente.
Puso estas armas en aqueste monte
la sciencia de una sabia que gobierna
a las dañadas nubes de Aqueronte.
¿Viste de un arbol en la rrama tierna,
Folio, 6
el espaldar, celada, peto y gola,
bastantes a dexar tu fama eterna?
Pues alto, sean de tu mano sola;

234. T., ese furor ardiente y encendido. 235. T., que de Agrimante incita a la venganza. 236. T., entretenido. 238. T., las armas que en su fuego te encendieron. 248. T., Han venido a que hoy tú las poseas. 251. T., y agora tiene espada de valiente. 254. T., en las bañadas faldas de aquel monte.

entra conmigo, y en su biba llama
  el balor de tus echos acrisola.
Aquí te llama la divina fama:
cobra estas armas, Mandricardo,
del tronco de Agricán ilustre rrama,
y de tu padre vengarás la muerte.

<u>Torna a salir Mandricardo</u>.

Mandricardo. Bastarán palabras pocas,
dama por extremo bella,
y en la materia que tocas;
si es rroca, entraré por ella,
que no me rresisten rrocas.
  Esta abentura es pequeña,
señora, el lugar me enseña,
mientras un árbol destronco;
que quiero, con sólo el tronco,
hacer pedaços la peña.
Mágica. ¿Hiciera el tebano Alcide
más de lo menos que aces?
¿Ansí los troncos divides?
Mandricardo. Poco mi onor satisfaces
si con el suyo le mides.
Mágica. Entra por este padrón,
haciendo buen coraçón.
Mandricardo. No ayas miedo que peligre;
que sé deshacer un tigre,
y sématar un león.

<u>Vase</u>.

<u>Sale Candrimando</u>.

Candrimando. Aunque, faltando mi hermano,
sujeto el tártaro inperio,
si no te benga mi mano,
ago el rreyno captiberio,
dibino padre Agricano.
  Nuebo blasón, procurando,
salbó con tu muerte Orlando:
orla tu muerte le da,
que campo verde será
del sagriento Candrimando.
  A Francia parto a buscarle;

---

262. M.P., Mandricardo fuerte. 265. T., bastaban. 278. T., mal mi valor. 288. T., hago el reino vituperio.

que e sabido que se alla
sobre los muros de Arle,
Adonde, en canpal batalla,
pretendo desafiarle.
Y mataréle, no dudo;
que si él a mi padre pudo,
fue por la bejez cansada...
¿Qué es esto? A tener espada,
ya no me faltara escudo. Folio, 7
Ciego estoi: ¡o rresplandor
que me a quitado la bista!
¡Elado estoi de temor!
No ay águila que rresista
tanta luz ni tanto ardor.
Encima e bisto un cartel;
ciego estube, pues que dél
pude informarme primero;
aora bien, leerle quiero,
beré lo que dice en él.

Lee el cartel.

"El caballero que llebar quisiere
de aqueste escudo el mágico tesoro,
rronpa por esta peña si pudiere,
y vença el fuerte Arcildo y Tremedoro,
y en un canpo nebado donde biere
un berde trigo con espigas de oro,
allará una doncella que se obliga
al premio y galardón de su fatiga."
Esa no me puede dar
ninguna cosa que toque
a la onrra militar
que el galardón me proboque:
Laurimo, benme ayudar.
Agora, famoso tío,
la bida y el honor mío
cuelga de tus manos santas,
si aquesta peña quebrantas,
como yo de ti confío.
Probar quiero a hacer plaça
con esta nudosa maça:
es conbatir un diamante.
!No fuera el señor de Anglante

---

305. T., terrible honor. 309. T., tanta luz y resplandor. 318. T., y venza el fuerte Orlando con decoro. 319. T., y en un prado florido.

con su encantada coraça!
  Mui poco o nada rremedio:
sin duda debe destar
todo aqueste monte en medio:
el tronco me a de faltar,
y e de quedar sin rremedio.
  Mui poco en la enpresa medras:
rrumor siento entre estas yedras:
eso sí, quando me asonbres,
enbíame destos honbres;
que no mentiendo con piedras.

Salen de entre la arboleda dos salbajes, y mételos dentro Candrimando, a palos, con el bastón y sale Celaura, y dice:

Celaura.   Mis fuerças, padre, pretenden
vencer a los que te ofenden;
vengança estoi esperando;
tu sangre mestá llamando,
quella y la mía se entienden.
  Si tu sangre an derramado,   Folio, 8
a sido con esperança
de que as de ser bien bengado,
y aunque a de ser la benganza
de color del agrabiado.
  Buscar quiero en esta playa
nabío que a Europa baya.
Basta que al paso se ofrece;
gente de la mar parece,
y permita Dios que la aya.

Suena rruido dentro de desembarcación, y salen Alí y Mahomat.

Mahomat.   ¿Qué tierra es ésta, Alí, donde el gobierno
del inplacable Alá nos a traído
por el dicienbre del furioso inbierno
con la llubia del austro enbrabecido?
Alí.   Los polos miro, y de su curso eterno
el camino del Febo e conocido
señala en la probincia de Salmacia,

---

354. T., a eso voy. 355. T., de que he de hacerte. 356. M.P., que. 357. T., de lo sembrado. 359. T., una noa. 364. T., del indomable mar. 365. T., lluvioso. 366. T., con las olas. 368. T., el camino de allá.

por donde el carro suyo más se espacia.
Tiene de aquesta parte a Libia tierra
que agora la llamamos Larruela,
y del Cáucaso la enpinada sierra,
y del inperio cruel de Tartaría,
donde aquel Agricán que Francia encierra,
tubo el inperio, cetro y monarquía,
que pasando a París con Agramante,
murió a las manos del señor de Aglante.
Éste tubo tres hijos: el primero
llamaron Mandricardo, el baleroso,
brabo, rrobusto, y entre fieras, fiero,
y en darles muerte, fuerte y benturoso,
el qual, sin armas de tenplado acero,
mostrándose soberbio y animoso,
sino con propia fuerça, es cosa clara
que las quebranta, rronpe y desquijara.
Llamando aqueste bárbaro el segundo
Candrimando, feroz. Y la tercera, Folio, 9
una hija que fue milagro al mundo,
Celaura, bella, aunque rrobusta y fiera;
y así, quando Agricán baxó al profundo
por las manos de Orlando, dixo: "Espera,
conde, y Francia apercibida;
que aunque tengo sangre que mi muerte inpida."

Celaura. Y ¡como si la tiene! Espere un poco,
que ban tres rrayos sobre Francia: espere.

Mahomat. Y ¿dónde tiene el rreyno aquese loco,
que ya imagino que matarme quiere?

Alí. Sospecho, Mahomat, que piso y toco
su tierra.

Mahomat. Pisa quedo, no se altere.
¿Tan cruel es aquéste?
Es un demonio;
parece brasa en mano de Erictonio.
¡Paso, por Dios!

Alí. ¿Es honbre o sonbra aquélla?

Mahomat. Muger se muestra, y tártara parece.
¡Cómo es gallarda y por estremo bella!

Alí. Quiérola hablar, pues que ocasión se ofrece;
temblando estoi ya de sólo bella.

---

370. T., señala la provincia de la Maya, / por donde el mar en su corriente explaya. 372. M.P., Rosaría.
380. T., el belicoso. 382. T., diestro y valeroso.
393. M.P., espera. 394. T., que aún queda... pida.
400. M.P., tu. 402. T., parece ser Bracmano o Sagudonio.
403. M.P., hembra. 405. T., es agradable, y por extremo bella. 407. T., bueno será llegarnos más a ella.

Celaura. El Dios que ansí los gobierna y faborece,
vuestra derrota en su gobierno tenga.
Alí. Y el mismo, hermosa dama, con bos benga.
Celaura. ¿Cúyo es este nabío?
Alí. Aquéste rroto
biene, arrojado de furiosas olas
de una espesa tormenta y terremoto,
desde las dos colunas españolas;
éste es el capitán, y ío el piloto.
Folio, 10
Celaura. ¿Qué biene dentro?
Alí. Las personas solas
que en la nabe están, y algunas dellas
las goza el mar y lloran las estrellas.
Celaura. Guélgome quel nabío sea de España;
fiad de mí que intento su pasaje,
que aunque parezco desta tierra extraña,
tengo el origen de español linaje;
decidme quién lo rrije y acompaña;
de Bética soi, aunque en sarmacio traje.
Alí. Pues podemos hablar seguramente,
bien es que la berdad de todo os quente:
¿as oído decir de cierta Angélica
por quien Orlando andubo melancólico?
¿Y de Rreinaldos la contienda bélica,
y aquel uir de Malgesí diabólico?
¿Supiste que era peregrina y célica
más que del fuerte Menelao argólico,
aquella Elena, cuyas fuerças débiles
a Troya buelben en ceniças flébiles?
Pues ésta fue la causa del escándalo
que as bisto entre el cristiano y mahomético.
Bíbora a sido entre bioleta y sándalo
para el claro español del cielo bético.
Es Ferragut, que tiene el cetro bándalo.
No sé por qué el espíritu profético
fue incitado a seguilla con propósito
de ber el alma que le dio en depósito.
Pasaba a Francia por la mar atlántica,
queriendo hacerla su muger legítima,

---

408. M.P., aquí os gobierna. 413. M.P., áspera.
418. T., vienen en él no más de tres personas solas / y el señor que nos tiene por vasallos, / con armas suficientes y caballos. 421. M.P., de otra tierra.
424. M.P., bética soy. 430. M.P., del Malgesí.
432. M.P., como otra que cantó el furor argólico.
434. T., Vuelven en Troya las cenizas flébiles.
438. M.P., suelo bético. 442. M.P., de hallar el alma.

mas es tan echicera y nigromántica,
que todos son de sus altares víctima,
Folio, 11
porque en forma de sierpe y elefántica
ace bolber en saludable pítima,
incitando el saber de aquella mágica
de la nabegación de Ulises trágica.
  Pensaba, en fin, su exército belígero;
mas por ser nuebo en la marina prática,
perdió la estrella, el signo, el curso artí-
fero.
Poco diestro en la aguja matemática,
sin estrellas, sin círculo signífero,
sospecho que pisamos la sarmática,
probincia grande, bárbara y contraria,
dibidida en Olibia y en Tartaria;
  mas la Tartaria es aquesta misma,
sin espíritu de Agricán su rrey supremo.
Mahomat. De aquése la cristiana y la morisma
tenblaba bibo y muerto; aquí le temo.
¿Abrá poblado aquí?
Celaura. Por la marisma
ay cinco millas, y ocho por el rremo;
mas no aconsejo a Ferragut que baya
a ber de su ciudad la hermosa playa;
  que por la muerte de Agricán se biste
el pueblo todo de tristeza y luto,
y Mandricardo, por extremo triste,
a nadie muestra el grabe rrostro enjuto.
Mahomat. Poco el temor al ánimo rresiste;
abisemos de aquesto a Ferraguto:
ya sale del nabío y biene a tiempo.

<u>Sale Ferragut, capitán</u>.

Ferragut. Pues, capitanes, qué, ¿miráis el tiempo?
Alí. El tiempo y esta dama.
Ferragut. ¡Bien se enplea! Folio, 12
Pienso que el tiempo nunca bio tal dama;
parte de todos, si os parece, sea.
Celaura. Al ser vuestra, la ocasión me llama.
Ferragut. Vuestro seré, supuesto que desea

---

447. T., porque en forma de sierpe y con su prática. 450. T., Jasón. 453. M.P., austrígero. 458. T., con peligro de vida y suerte varia. 459. M.P., esta misma. 460. M.P., un tiempo de Agricán. 476. T., pienso que el tiempo me encubrió tal dama.

el alma a quien...
Celaura. Conózcola por fama;
no detengáis el nonbre ni la gloria
que os causará traella a la memoria.
Ferragut. De suerte estoi después que bi unos ojos
que miraron mansos y atrebidos,
que ba cobrando el alma los despojos
que un tienpo tubo sin rracón perdidos.
Celaura. Ya sé quién son los celos, los enojos
por la divina indiana padecidos.
No conmigo lisonjas, que a los honbres
mejor les sé las llamas que los nonbres.
Ferragut. ¡O, qué extremada gracia! Alá es testigo
que entiendo que es mágica hechicera
en forma vuestra se burló conmigo
allí por donde bino a la rribera.
Alí. Dice que aunque es del tártaro enemigo
de su linaje la ocasión primera,
fue a llebar a España su biaje
por conocer en ella su linaje.
Ferragut. Si esto es ansí, bien puedo asiguraros,
hermosa dama, aquesta nabe mía,
en que me ofrezco a España de llebaros,
si queréis acetar mi conpañía,
que aré lo que pudiere con rregalaros,
aunque, para mi mal, la mar porfía
de hacerme ultraje; mas iré seguro
llebando en ella tan divino muro. Folio, 13
No quisiera dexar aqueste afable
puerto, adonde bi la hermosura vuestra;
començad a alçar áncora y cable,
no trueque la fortuna ya su diestra.
Mandricardo es un bárbaro intratable,
gran enemigo de la tierra nuestra:
aunque no le e temor en parte alguna,
e de tener temor a la fortuna.
Que biéndome perdido como vengo,
sin alguna y en su tierra y costa,
podrá ofenderme, y a esta causa bengo,
y la carrera me parece angosta;

---

484. M.P., que me miraron süaves y atrevidos. 490. M. P., las almas. 491. T., quedo, que no os agravio. 499. T., siendo eso ansí. 508. M.P., a do vi. 509. M. P., pero mándame alzar. 510. T., no se tuerza fortuna que es siniestra. 513. T., que anque yo no le temo en parte alguna. 516. M.P., sin gente alguna. 518. T., puede ofenderme, aunque ya prevengo / mandar apercibir mi nave a posta.

y para no esperar a tal contrario,
será el huir onesto y necessario.

Celaura. Tenéis razón, señor, que mil crueldades
pienso contaros dél en el viaje;
tártara soi; pero, a decir berdades,
confieso nuestro bárbaro linaje:
tienblan dél sus basallos y ciudades;
otro Diomedes es en ospedaje:
si a la bela se puede hacer la nabe,
será nuestro peligro menos grabe.

Ferragut. Bien dices; demos a los bientos belas
como pudiese ser, ques de inportancia;
que mayor en el peligro las cautelas
sirbieron mucho más que la arrogancia.

Celaura. Bamos, y el piloto apreste, y de belas.

Ferragut. Ansí llebemos la derrota a Francia;
que no es la presa mala.

Celaura. Amor, ¿qué as echo
que el español me ba rrompiendo el pecho?

Vanse. Folio, 14

Sale Candrimando.

Candrimando. Ya de la áspera contienda
salgo libre y con vitoria,
que no ay peligro que ofenda,
ni menos que de mi gloria
quitarme el lauro pretenda.
E ganado el fuerte escudo,
por donde bencer no dudo
al paladín arrogante,
y daréle castigo a Atlante
como el de Meduça pudo.
Morirás, cristiano Conde,
si el cielo me pone adonde
con mui poca pesadumbre
sea la muerte la lunbre
que agora la bida esconde.

Salen Febosila, mágica, i Mandricardo con unas armas.

Mandricardo. Tan obligado te quedo,

---

527. T., si agora damos vela a nuestra nave. 533. M.P., Vamos, y tu. 536. T., que este español. 539. T., no hay peligro que me ofenda. 545. M.P., que dicen señor de Anglante. 546. M.P., ¿quien de mí fiarse pudo? 550. M.P., sea tu muerte.

Febosila bella y sabia,
que mostraré lo que puedo
bengado de quien agrabia,
si no me lo estorba el miedo.
  I desto boi satisfecho,
que está de balor el pecho
de que me bistes y armas,
pues son de Héctor estas armas
y de Mandricardo el pecho.

Mágica. Sangre del fuerte Agricán,
gloria y honor de Tartaria,
pues como buen capitán,
vences su ventura baria,
por galardón se te dan.
  Sólo a tu balor convienen
y de derecho te bienen,
tanto, que menos balieron
por el dueño que tubieron
que por el que agora tienen.
  Y tal se muestra con ellas
ese balor soberano,
más alto que las estrellas,
que dan más gloria al Troyano
que tú lo rrecibes dellas.
  Rresta que cobres la espada
que es por su nonbre llamada
Durindaina, y será quando
la dexe su dueño Orlando
en el campo abandonada.

Mandricardo. Gente suena: un poco espera.

Candrimando. Soi Candrimando, tu hermano,
quen en berte desta manera
con las armas del Troyano,
el coraçón se me altera:
  dame de nuebo tus braços.

Mandricardo. Con uno y con mil abraços.

Candrimando. ¡Tate! No me aprietes tanto,
que temo, ¡por Alá santo!,
no me los agas pedaços.

Mandricardo. Pues si a la sangre que a ellos
debo no amanso los bríos
que cobré biéndote en ellos,
¿salbarás tú de los míos
sin dexar la vida en ellos?

Candrimando. De tu esfuerço no lo dudo.

Mandricardo. ¿Quién te a dado aqueste escudo? Folio,15

Candrimando. La que a ti las armas fuertes.

Febosila. Oy abéis echado suertes
que nadie en el mundo pudo;
  que este pecho descubierto,

a cualquiera que lo mire
deja desmayado o muerto.
Mandricardo. ¿A quién abrá que no admire?
Tenlo ¡por Alá! cubierto.
Candrimando. Burléme, que no le muestro;
pero si no lo estorbara
la sangre y trato nuestro,
¿la vida no te quitara
mejor que tu abraço diestro?
Mandricardo. Basta, que bengarte sabes;
pero miremos qué nabes
abrá en el puerto, señora,
si nos dais licencia aora
y aquesos braços süabes.
Febosila. Vos tenéis esa licencia,
y nabe no es menester
adonde sobra mi ciencia;
que presto os puedo poner
de Agramante en su presencia.
¿Adónde queréis partir?
Mandricardo. De Ardenia a la selba y sierra,
pues allí se oyó decir
que aquel paladín se encierra
que bamos a conbatir.
Febosila. Pues alto: entrad en mi cueba,
veréis una fácil prueba
de mi poderoso ingenio;
desta vez, al campo ardenio
algún demonio me lleba.

Vanse.

Salen Estordilano, rey; Doralice, su hija, y Rrodamonte.

Estordilano. ¿Al fin la ciudad te agrada,
y su bistoso Albaicín?
Rrodamonte. Es por extremo y en fin,
es la española Granada.
¡Qué bien que se mira el sol
en esta torre más alta!

---

609. T., quien a ti las armas fuertes. 607. M.P., lo 609. M.P., el trato. 631. T., brazo. 624. T., pues ayer te oí decir. 631. En la edición de Tortosa, estos dos versos están en boca de Mandricardo. 637. T., de aquella torre más alta.

Digo que sólo me falta
ser granadino español.
No sé si le llame cielo
aquesta tierra que piso;
si esto bajo es paraíso,
¿qué será el Alhambra, cielo?
Los granos de tu granada
son perlas, rrubíes, topacios,
y digo quen tus palacios
el sol puede hacer morada.
Tienes el manso Genil,
que tu bega baña y rriega;
si Genil está en la bega
¿qué inporta que falte abril?
¡Qué rriqueças de linajes
goças! Tienes los Çegríes
los Tarfes y Almorabíes,
los Muças y Vencerrajes.
¡Qué bellas moras te dan
rricas aljubas de seda!
Y aungue esto enbidiar no pueda,
algunos rreyes podrán   Folio, 16
Darro que a sueltas rriendas
tu rreyno da en perseguillo:
biene de medio amarillo
a ti porque lo defiendas;
y los frutos de la tierra,
por darte rregalo y gusto,
por nacer antes del justo
tienpo, tienen sienpre guerra;
y como no tienen lei,
que no les es natural,
procurará cada qual
ser de la boca del Rey.
¡O, rrey poderoso, ponte
sobre el cuerno de la luna!
Estordilano. Toda esa gloria y fortuna
es para ti, Rrodamonte.
Rreynarás de quanto rreino,
nadie te lo contradice;
que quien te dio a Doralice,
mejor te dará su rreino.
Rrodamonte. Más bale que tu ciudad,
y que el mundo bale más.

---

655. T., moros. 657. T., alfombras. 663. T., Y el otro que a sueltas riendas / de tu gente es perseguido, / viene de medio corrido / a ti porque le defiendas. 665. T., donde es el regalo y gusto.

¡Bien sobra lo que me das,
más falta su boluntad!
Tiene el triste coraçón
escrito en el rrostro hermoso,
y en el ablar desdeñoso
una forçada afición.
¿No es esto ansí?

Doralice. Por fingiros,
Rrodamonte, enamorado,
hacéis rrisa mi cuidado,
y de la vuestra sospiros;
yo tengo el que a muger debo
de un príncipe como bos.

Rrodamonte. ¡Gracias, Doralice, a Dios
por un milagro tan nuebo!
Sienpre en conpañía os beo
con muestras de boluntad,
pero estando en soledad,
bien lo paga mi deseo.
Dexar me inporta a Granada,
donde sólo quedaréis.

Estordilano. Rrodamonte, ¿no diréis
adónde hacéis la jornada?

Rrodamonte. Agramante, sobre Arle,
Carlos cercado le tiene
y ame escrito que conbiene
que parta luego ayudarle.
Por fuerça abré de partir,
aunque el dexar a mi esposa
me será muerte enojosa,
o bida triste el bibir.
Escribiréla, sin duda,
y si por dicha a Agramante
le fuera mui inportante
por algún tienpo mi ayuda,
a su exército me enbía
a mi Doralice bella,
y podrá ir con ella
buena guardia y conpañía.

Estordilano. Pues lo que pides es justo,
yo lo pondré por la obra,
y para cunplirlo sobra Folio, 17
ser, Rrodamonte, tu gusto.
Y aunque tu balor te abona,
ques en el mundo temido,
por lo que inporta te pido

682. T., basta. 705. M.P., a Carlos.

que mires por tu persona.

Rrodamonte. ¿Qué tienes que rrecelar?
¿De quién tengo de guardarme?
Nadie se atrebe a mirarme:
¿por quién tengo de mirar?

Estordilano. Sé lo que tu espada corta,
pero temo mi bentura.

Doralice. Ya su bida me asegura
saber lo mucho que inporta;
pues, por lo menos a ti,
y tanbién le inporta a él
y a tu Granada y su Argel,
y, después de todo, a mí.

Rrodamonte. ¡O, palabra nunca oída!
¿Mi bida os inporta a bos?
Pues fiad, si es de los dos,
que será bien defendida;
que yo sabré defenderla
del mundo, que es poco Francia,
más porque os es de inportancia
que porque bibo yo en ella.
Estad cierta que en batalla,
mi bida, siendo de bos,
que a de pelear con dos
quien me probare la malla.
Yo, por mí, es necesario,
que diga el honbre que soi,
pues en el mundo, asta oi,
no me a bencido contrario.

Doralice. Tenéis balor tan profundo,
que al mundo bencéis en él.

Rrodamonte. Vos merecéis el laurel
por vencedora del mundo.
Si alguna deidad no muda
mi fuerça por mi arrogancia,
creo que de toda Francia
tendréis el cetro, sin duda.
¿De Francia dije? ¡Estoy loco!
Del mundo y de quanto encierra,
que sois mi cielo, y la tierra
para vuestros pies es poco.
Si un jigante llegó al cielo
con un monte y otro monte,
¿qué no podrá Rrodamonte
entre las cosas del suelo?
A tal furor me proboca,

---

738. T., y a tu Granada fiel. 747. T., que porque vivo sin ella. 752. M.P., y otro medio es necesario. 753. M.P., que diga agora quien soy.

que el mismo cielo os prometo,
que la tierra que sujeto,
para vuestros pies es poca.

Doralice. Destas arrogancias bengo
a tanto enfado y temor,
que no le e cobrado amor
por el miedo que le tengo;
quel honbre que a de querer,
no a de ser tan arrogante;
que la umildad es diamante
contra el pecho de muger.

Rrodamonte. De mi partida se trate.

<u>Sale un criado de Rrodamonte con un acicate en la mano.</u>

Criado. Caballos te aguardan ya. Folio, 18

Rrodamonte. Pues si todo a punto está
cálçame aquese acicate.

Estordilano. Hija, ponlo de tu mano
que será muy buen agüero.

Doralice. Mostrad.

Rrodamonte. ¡Eso no! Primero...

Doralice. ¡Que sí!

Rrodamonte. Digo que es en bano;
mi bida a la buestra ofrezco,
y el cielo del suelo se alce:
¡mui bueno es que a mí me calce
quien descalçar no merezco!
Para tales enbaraços,
quien me sirbe mejor es...
¿Prendas buestras en los pies?
Mejor están en los braços.
Cálçame tú.

Doralice. ¿Qué sabéis
si calçároslos quería?
Como grillos os ponía
de la prisión que tenéis.

Rrodamonte. No, que en aquesta prisión
es la de amor que señala,
la espuela sube de ala,
y los grillos de africión.
Ya estoi calçado, y podréis
poner en aquestos braços,
con los vuestros, otros laços,

---

805. M.P., si es de amor lo que señalas,/ las espuelas sirven de alas.

si berme libre queréis.
  Yo me parto, Estordilano,
no se me niegue este bien.
Estordilano. Dale los braços tanbién,
pues que le diste la mano.
Doralice. Ésta es prenda que os defiende
del no me guardar lealtad.
Rrodamonte. Prendado desa beldad,
¿qué prenda abrá que me prende?
  Y no dexando de amarte
por tu hermosura y balor,
yo a quien rindió tu amor
boi a dar socorro, a Marte.
Estordilano. Todos quedamos en calma.
Doralice. En gloria y contento estoi.
Rrodamonte. ¡O santo Alá! ¿Dónde boi?
¿Cómo me parto sin alma?

Vanse.
Sale Rrugero.

Rrugero. Cansado salgo del francés exército,
de las furiosas armas y su escándalo;
cansado del prolijo estruendo bélico,
a sólo contenplar memorias míseras;
a do no sean del cansado espíritu,
dulces testigos los conbates hórridos,
sino estas fuentes, que entre verdes céspedes
corriendo ban con apacible música;
escúchenme las peñas y los árboles:
y de mi soledad las biudas tórtolas
ejenplo tomen por los secos árboles.
¿Cómo ¡a Rrugero! qué enemiga furia
tu pecho incita con ardientes áspides
a que en el canpo del francés católico
salgas furioso con ardiente cólera,
acrecentando de la muerte el número,
y a Bradamante engañes con su crédito,
quebrando la palabra como bárbaro,
que fue, según su fe, perfecta y sólida,
y la doctrina santa y ebangélica?
Buelbe, Rrugero, tu esfuerçado ánimo,

---

822. M.P., a quien será medio amor. 828. T., huyendo del francés y fuerte ejército. 844. T., a Bradamante que engaño tu crédito. 846. M.P., su ley.

y di con boç salida de lo íntimo:
es Bradamante mi muger legítima,
y yo, cristiano, firme en mi propósito,
en Cristo creo; que esos dioses barios
los e de perseguir como a contrarios.

Salen Mandricardo y Candrimando, hermanos.

Candrimando. ¿Cuál biento nos a traído
por tantos mares y tierra,
hermano, a la Ardenia sierra,
adonde abemos benido?
¿Cómo pudo o cómo fue
aber tanto caminado,
que no la planta e mojado,
no e puesto en la tierra el pie?
Mandricardo. Febosila pudo este modo;
traernos por este modo;
la ciencia lo puede todo,
todo a la ciencia se debe.
Allí beo un caballero;
dél te puedes informar
desta probincia y lugar.
Candrimando. ¡Qué galán, qué brabo y fiero!
A no berle en traje moro,
por el Conde le juzgara,
y por el talle y la cara
parece el bello Medoro.
¡Que por un medio muger
dio en que Angélica le dexa
a todo el mundo con queja! Folio, 20
Y aquéste debe de ser.
Rrugero. Pensando en mi Bradamante,
los que me siguen no bía:
¡que brabeça y biçarría!
¡Qué espectáculo arrogante!
El uno y otro es gallardo.
¿Tiene más presencia un monte?
O es el fuerte Rrodamonte,
o el famoso Mandricardo.
Mas éste no bino a Francia,
que en Tartaria se quedó.
Mandricardo. ¿Quieres que able yo?
Candrimando. Como tenples la arrogancia...
Mandricardo. No sé qué tierra es aquésta.

862. M.P., Febosila pudo en breve. 888. M.P., ¿quieres que le hable yo? 889. T., ¿Cómo mirándole yo, / no templa aquesta arrogancia?

Rrugero. ¡Braba soberbia de honbre!
Mandricardo. ¿No rrespondes?
Rrugero. Es su nonbre
la Ardenia selba y floresta.
Pero tú que lo preguntas,
tan soberbio como loco,
¿quién eres?
Mandricardo. Soi arto poco,
pues que conmigo te apuntas.
Rrugero. Éste es de bárbara lei:
¿de qué de engríes y armas?
Que no an de manchar mis armas
menos que sangre de rrey.
Mandricardo. Moro, no te quiero más
que preguntar.
Rrugero. Está bien.
Si me conocieses bien...
Mandricardo. Quiero saber dónde bas.
Rrugero. Voi donde boi, ¿a qué efeto
lo quieres saber de mí?
Mandricardo. Ten más lástima de ti:
que me enojas te prometo.
Que por agora no sé
lo que de ti saber quiero;
no te doi muerte primero,
mas luego te mataré.
Rrugero. Si acabado dentender
el punto, matarme quieres,
pregunta lo que quisieres,
que tengo un poco que hacer.
¿Qué quieres saber de mí,
que con tanta priesa bienes?
Mandricardo. Mayor de morir la tienes.
Rrugero. Está concertado ansí.
Mandricardo. Por esa buena intención,
estoi porque sea primero.
Rrugero. Como quisieres; ya espero,
haciendo buen coraçón.
Mandricardo. Tienpo queda; ya es mejor
saber lo que es inportante:
¿adónde queda Agramante?
Rrugero. Ese es mi rrey y señor;
yo le sirbo de escudero,
y le dejé peleando
en Arlés.
Mandricardo. ¿Y al conde Orlando

---

917. T., mas luego te mataré.

conoces?
Rrugero. Como a Rrugero
Mandricardo. ¿Queda allí?
Rrugero. Qual muro firme. Folio, 21
¿Tienes más que preguntar?
Mandricardo. No.
Rrugero. Pues mándame matar;
que tengo gana de irme.
Mandricardo. Donaire tiene, ¡por Dios!
Cunplirle quiero el deseo.
Rrugero. Corrido con dos me beo,
que tengo poco en dos.
Mandricardo. Acaba ya.
Rrugero. ¡Muerto soi!
¡Perdí la bista, caí!
Mandricardo. Candrimando, estoi aquí.
Por honbre o por nadie estoi;
quita allá tu hechicería.
Candrimando. Yo no te quise ayudar;
sólo pretendo probar
lo que mi escudo podía.
¿Por eso sólo te enojas?
Rrugero. Si ansí bencéis, no deseo
tener enbidia al trofeo
de los honbres que despojas.
Y tú, cobarde, si eres
honbre, que serlo dudo,
dexa el encantado escudo,
defensa para mugeres,
y benme a probar sin él.
Candrimando. ¡O, santo Alá! ¿Tal escucho?
Rrugero. Para una muger, no es mucho
que se defienda con él.
Candrimando. ¿Vesle aquí dejado en tierra?
Quisiera hacerle pedaços;
que no an menester mis braços
escudo para tu guerra.
Rrugero. Otro te e de parecer
agora, dél que solía.
Candrimando. De lo poco que temía,
menos tengo que temer.
Mandricardo. ¿Cómo es esto, Candrimando?
¿Cuerpo a cuerpo puede un honbre
acerte huyr?
Rrugero. Tengo el nonbre

941. M.P., que tengo poco con dos. 955. M.P., que de ti lo dudo. 962. T., veslo ahi arrojado en tierra.

más arrogante que Orlando.
Mandricardo. Huyéndote bas, cobarde.
Candrimando. ¡O, santo Alá, que me a muerto!
Mandricardo. ¿Cómo que murió?
Rrugero. Por cierto:
tú bienes bien, pero tarde.
Mandricardo. ¿Tarde dices, enemigo,
abiendo muerto mi hermano
de la sangre de Agricano?
Rrugero. Y mataré dos contigo.
Mandricardo. ¿Qué fuego es éste que puede
estorbar que no te mate?
Rrugero. Eso más, que tu conbate
hace que suspenso quede;
quantas veces boi a ti,
tantas más me buelbo ciego.
Mandricardo. Y quantas a ti me allego,
tantas te apartas de mí.
Abraçarte me conbiene;
¿que eres hijo de la tierra,
que en sus entrañas te encierra Folio, 22
por el miedo que me tiene?

Aquí an de acuchillarse Rrugero y Mandricardo; en medio del tablado ay un rredondo, y debajo echan lunbre, y no pueden llegar uno a otro; y métase Rrugero con el escudo quando Mandricardo le ba a braçar, y queda solo.

Mandricardo. ¿Qué es aquesto, Alá enojado?
¿Qué es aquesto, Alá cruel?
¿Por dónde se fue, qué es dél?
¿Qué es esto, Laurimo amado?
¿De aquesta manera vengo
en Francia a mi padre muerto,
pues dejo en el desierto
muerto un hermano que tengo?
¡O, falso tío Laurimo!
¿Aquesta fue la inportancia
de hacernos pasar a Francia?
Tu abiso y fabor estimo.
¿Qué rrindiese tus despojos,
hermano, a manos de un honbre
de quien no supiste el nonbre,
y que lo biesen mis ojos?

974. M.P., huyéndole vas, cobarde; T., ¿Huyendo te vas cobarde? 1000. M.P., en este desierto. 1005. T., Tu aviso y favor malino.

¿Qué dirá el mundo de mí
viendo quel alma rrendiste
adonde bibo me biste
y adonde morir te bi?
Mas ¿qué me detengo en bano?
Ya determinado estaba;
si padre sólo bengaba,
bengaré padre y hermano.
La tierra ayudarte pudo,
y a mí, quitarme empresa;
él se fue, y sólo me pesa
que se llebase el escudo.
Al cuerpo de Candrimando,
cabando la tierra dura,
quiero darle sepultura
que pensaba dar a Orlando.
¡Con buen agüero, Laurimo,
entro en Francia! ¡O falso biejo!
¡Maldito sea tu consejo!
Pero a bengarte me animo.
Susténteme la esperança;
que si acaso bengo a berte,
será tu biolenta muerte
los postres de mi vengança.

Fin de la primera jornada de los "Celos de Rrodamonte."

1021. T., él se fue, y sólo me pesa / que se llevase el escudo, / pues mi ventura no pudo / que saliese con su empresa. 1025. M.P., quiero darle la sepultura. 1029. Falta esta redondilla en la edición de Tortosa. 1033. T., los pasos.

ACTO SEGUNDO

<u>De los celos de Rodamonte</u> Folio, 23

<u>Salen Ardaýn, y Doralice, y accompañamiento</u>.

Ardaín.
Perded, Reyna de Granada,
el cuydado que tenéis,
pues oy al fin llegaréis
de la postrera jornada;
que ya del Pó las orillas
pisaréis daquí adelante,
y del campo de Agramante
no estamos sino seis millas.
Gracias que acompaña
vuestra beldad y ermosura,
que a Francia lleguéis segura
desde la bética España.
¿Qué os parece desta tierra?

Doralice.
Si berdad digo, Ardaýn,
harto mejor mi Aluaycín
y aquella nebada sierra.
Quando menos agua llebes,
con mil hojos te rreparo,
¡O Genil famoso y claro!
¡Qué de lágrimas me debes!
Turbio en mi ausencia te ui;
que si agora lloro yo
sobre las aguas del Pó,
no se dolerán de mí.
¿Qué casamiento es aqueste
hombre estraño, ¡ay de mí!
y en tierra estraña y sin ti?
Padre, ¿qué rrigor es éste?
¿Y por fuerça abía de ser
un Rodamonte feroz,
todo cuerpo, todo voz,
todo matar y bencer,
y un hombre a quien tengo miedo?
Si es Rey de Argel, ¿qué importaua?
¿De Córdoua no bastaua,
de Sebilla o de Toledo?
Si lo hiciste porque en guerra
te diera auyda y fauor,
¿no te lo dieran mejor

1042. M.P., Gracias a Alá que acompaña. 1048. M.P., Albaicín. 1051. M.P., Con mis ojos te reparo.
1053. M.P., ¡Qué de lágrimas me debes! 1057. T., No te acordarás de mí. 1059. M.P., Con hombre extraño.

los vecinos de tu tierra?
Voy a un estraño a servir,
un fiero me a de matar;
tu menbías a cassar,
pero yo boi a morir.
Boacén ¿no descansaremos?

Boacén. Muy bien puedes descansar
que tiempo ay para llegar
aunque agora rreposemos.
¡Ola! Armad aquesa tienda
porque Doralice bella
descanse a la sombra della
sin que el bibo sol la ofenda;
aunque si duermen sus ojos,
él buscará por do entrar,
para poderlas hurtar
el de sus cauellos rojos.

Doralice. Tienda, haced quenta que muero,

Folio, 24

y enterradme antes que muera:
sed vos la cama postrera
del casamiento primero;
y pues ya la ora es cierta,
la muerte en su libro escrita
tiene, por mi bien permita
que entre uiua y salga muerta.

Boacén. Bien puedes, señora, entrar.

Doralice. Entraré para morir.

Boacén. Segura puedes dormir.

Doralice. Y no segura belar.

Entrase Doralice, y en tanto los dos criados llevan un arco.

Boacén. ¿En qué nos entretendremos
mientras duerme?

Ardaín. En lo que quieras.

Boacén. ¡O, si el axedrez trujeras!...

Ardaín. En otra cossa podremos.

Boacén. Pues tiremos con el arco.

Ardaín. Al fin, de amor instrumento.

Boacén. Nauego en su mar sin viento.

Ardaín. Y ¿es aquella tienda barco?

1075. M.P., Un fiero me ha de mandar. 1085. T., Sin que viento o sol la ofenda. 1089. Falta esta redondilla en la edición de Tortosa. 1094. M.P., y pues que ya la hora incierta. 1108. T., Sin tiento.

Boacén. Pues si nauegara allí,
¿pudiérame yo anegar?
No, que por tan poco mar
en mi vida me perdí.

Ardaín. Aora bien, el arco toma,
y el tiro será aquel blanco
de aquel alamillo blanco
que detrás desotro asomo;
y aquel que más cerca diere
de aquesta señal que hice,
ese goce a Doralice,
y la pierda el que perdiere.

Boacén. No tires hasta que entienda
que rrumor es éste.

Ardaín. ¡Alerta,
soldados, y plaça abierta
alrededor de esta tienda!
Poned esas alauardas
que no os entren diez cauallos,
y saued desbaratallos.

Boacén. De solo un hombre le guardas;
pero no por eso quede
menos la guarda en cuidado;
que es feroz y bien armado;
a un monte en la vista excede.

Entra Mandricardo diciendo:

Mandricardo. Talando uoy, qual rayo, al francés suelo
después que mi querido Candrimando
rindió el cuerpo a la tierra y el alma al cielo.
Como la muerte uoy executando,
en quantos allo, mi furor haciendo,
principio al fin del esperado Orlando.
Folio, 25
¡Que se me fuese aquel traydor huyendo!
Huyendo dixe, que la tierra propia

1112. T., No porque en tan poca mar. En la edición de Tortosa, este verso y el que le sigue están puestos en boca de Ardaín. 1129. M.P., De un solo hombre la guardas. 1132. M.P., que este feroz y bien armado; T., Que este feroz viene armado. 1136. M.P., rindió el cuerpo a la tierra, el alma al cielo. 1138. T., En cuanto topo, mi furor haciendo.

me le escondió, su duro seno abriendo;
pero por él e muerto tanta copia
como en sus campos tiene Libia arenas
y fieros basiliscos Etiopía.
Gente, sin duda, por el monte suena;
veo hacia allí una tienda armada,
y la campaña de soldados llena.
Huélgome, que podrá mi fuerça ayrada
entretener un rrato aqueste tronco
mientras me falta la troyana espada;
y ya saben algunos que destronco
un árbol si me falta de las manos.
¡Olá, ola! ¿Queréis boluerme ronco?
¿No rrespondéis?
Boacén. ¿Qué dioses soberanos
vienes inbocando, o qué salud nos dices
para mostrarnos a tu voz umanos?
Mandricardo. Un hombre solamente soy.
Boacén. Si eres
uno o ninguno, pasa tu camino,
y no de ciento un esquadrón alteres.
Mandricardo. ¿No puedo preguntar?
Boacén. El peregrino,
con umildad bien puede.
Mandricardo. Yo la tengo.
Dime, ¿eres moro?
Boacén. Moro y granadino.
Soy español, y con la Reyna uengo
de Granada, llamada Doralice.
Bien ves que te respondo y entretengo.
Mandricardo. ¿Quién es su padre? Folio, 26
Boacén. Estordilán se dice.
Mandricardo. Digo de los questáis aquí.
Boacén. Ninguno.
Mandricardo. Eso es ynjusto y a su onor desdice.
Pues, ¿dó la embía?
Boacén. A que la goce alguno
por sus dineros. ¿Qué nos quieres, hombre?
Que para pobre sobras de inportuno.
Mandricardo. ¿Por qué tespantas de que yo me asombre

1144. M.P., arena. 1147. T., Vela hay allí. M.P., vienes nombrando. 1156. M.P., Vienes nonbrando. Después deste verso M.P. inserta un terceto que se halla sólo en la edición de Tortosa: "Por más que lo compongas y autorice. / Eres un hombre: bien, ¿qué es lo que quieres? / Por eso bien que no escandalices."
1160. M.P., cierto.

de ver una Princesa sin su padre?
Boacén. Si ba a su esposo...
Mandricardo. Bien: dime su nombre.
Boacén. Es espantoso.
Mandricardo. ¿Cómo?
Boacén. Fue su madre
la montaña de Carça y Angelina,
¡que no Caribdis que así brame y ladre!
Su padre fue la rroca diamantina.
Mandricardo. ¡Bálgame Alá!
Boacén. Crióse en este monte,
en las montañas de una gruesa encina;
las espaldas de un cruel Rinoceronte
eran su cama.
Mandricardo. ¡Prodigiosa cama!
¿Llámase, al fin?...
Boacén. El Rayo Rodamonte.
Mandricardo. ¿Con tal erre se pronuncia y llama?
Boacén. Es rabia y rayo, y rastro de cometa
que muerte anuncia.
Mandricardo. Ya lo sé por fama.
Y aquesta boda, ¿a de ser secreta?
Boacén. No entiendo que el secreto sea de im-
portancia, Folio, 27
que el padre se la embía por su gusto,
porque la pide por mayor instancia.
Mandricardo. Desa manera, no tendrá disgusto
de aquestas bodas todo el mundo entienda.
Boacén. Antes parece necesario y justo.
Mandricardo. Y ¿duerme Doralice en esta tienda?
Boacén. Ella duerme.
Mandricardo. ¡O cielo! ¿Cómo tardo
en conquistar la granadina prenda?
Moro, yo soi el fuerte Mandricardo,
Rey de Tartaria, de Agricano hijo,
más fuerte que el de Argel y más gallardo;
mexores reinos gente y braços rrijo;
mexor merezco aquesta mora bella.
¡Quitaos delante!

1177. T., La cólera, ira y fuerza más ferina.
1178. M.P., Que no hay Caribdis que así brame y ladre.
1185. M.P., ¿Con tantas erres se pronuncia y llama?
1188. M.P., Y aquesta boda, ¿se ha de hacer secreta?
1189. T., no creo. 1193. M.P., que aquestas; T., Que aquesta fiesta. 1196. M.P., En ella duerme.
1199. M.P., Rey de Tartaria, y de Agricán soy hijo.

Boacén. ¿Oyste lo que dijo?
Agora su locura afirma y sella.
Desuíate, Ardaýn, si te parece;
goce su prenda y uéngase por ella.
Ardaín. Extremada ocasión se nos offrece
para pasar la siesta.
Boacén. ¡Gentil loco!
Dejémosle gozar lo que merece.
Llegue, señor soldado, llegue un poco.
Ardaín. ¡Goce su prenda, fanfarrón gallardo!
Mandricardo. Ya la paciencia y sufrimiento apoco;
ansí conoceréis a Mandricardo.
Aquí va tras ello.
Boacén. ¡Con que fuerça el tronco esprime,
santo Alá!
Mandricardo. ¡Huye, canalla;
que quien rompe una muralla
no a de aver fuerça questime! Folio, 28

<u>Aquí los mete a palos a Boacén y Ardaín, y saca a Doralice de la tienda, o sale ella, y uase marchando.</u>

Doralice. ¡O triste y pesado sueño!
¿Viénese abaxo algún monte?
Tanto temo a Rodamonte,
que el eco del nombre sueño.
¿Quién es aquel bravo y fiero
que con la nudosa maça
rompe, mata y despedaça
todo mi esquadrón entero?
¡Ay, desdichado Ardaín!
¡Ay, mísero Boacén!
¡Cómo, aunque os defendéis bien,
abéis de morir al fin!
¡Qué brauo los desbarata!
¡Gallardo, a fe de quien soy!
Sin querello mal, estoy
mirando cómo los trata.
Acabóse la contienda;
él biene. ¿Por dónde yré?
¿Adónde mesconderé?
Quiérome entrar en la tienda.

1217. Falta esta redondilla en la edición de Tortosa. 1221. T., Que ser algún monte sueño. 1225. T., Todo un. 1232. M.P., Sin querellos mal, estoy. 1233. T., Los mata.

Éntrase, y sale Mandricardo.

Mandricardo. Algo me a entretenido.
¡Por Alá, questoy cansado!
Algunos se an escapado,
pero no los e seguido,
porque entre tanto pudiera
huyrse quien a de ser
el premio que a de tener
de aquesta contienda fiera.
¿Si dormirá todauía?
Pues no a salido, ¿quién duda?
¡Qué es esto! ¡El color me muda!
¿Dónde está la fuerça mía?
¡Que aya muerto un esquadrón
de hombres en la contienda,
y que en llegar a la tienda
se me yele el coraçón!
Misterio deue de aber.
¿En mi pecho caue miedo?
¡Mil hombres temer no puedo,
y tiemblo de una muxer!
Yo entro.
Doralice. ¡Señor, detente!
¿Qué me quieres? Besme aquí.
Acaua en matarme a mí,
pues començaste en mi gente.
¡Por tus dioses soueranos,
que si a de ser despúes,
muera yo agora a tus pies
antes que a mis propias manos!
Mandricardo. Suspenso estoy, ¡por Alá!
Nunca bi cossa tan vella;
o el mismo sol viene en ella,
o por él alumbra acá.
Alçad, señora, del suelo,
gloria del suelo español;
que mi ley adora el sol,
y sois vos el de mi cielo.
Y pues la tengo offendida
porque tu gente maté,
de rrodillas pediré
pena que es tan merecida.
Beisme aquí, sol uello y puro,

1241. T., Porque. 1244. M.P., el premio que he de tener. 1263. M.P., Que si habrá de ser después. 1267. T., No he visto. 1269. T., O por ella.

y tened por cierto ques Folio, 29
el que tenéis a los pies
un monte de mármol duro;
que si yo, como xigante,
al cielo pude atreverme,
podéis un Etna ponerme
al de Sísipho semexante.

Doralice. Alçad del suelo, señor;
yo sola al cielo ofendí,
pues que me castiga a mí
con tan áspero rrigor.
Mas ya que así me tenéis,
huélgome a vos seáis,
que en lo esterior que mostráys,
hombre noble parecéis.

Mandricardo. Señora, aqueso os consuele,
y saued que lo soy tanto,
que os dará mi nombre espanto,
como en otras partes suele.
Soy el hijo de Agricano,
el Rey de Tartaria.

Doralice. Aguardo.
Vuestro nombre.

Mandricardo. Mandricardo,
hombre souerbio y humano,
que en estos extremos ando
por tan diferentes nombres,
que soy fiero con los hombres,
y con las mugeres blando.
Pasé a Francia por vengar
la muerte del padre mío,
porque Orlando en desafío,
si puedo, pienso matar.
Y bien pienso que podré;
que no son malos testigos
estos tendidos amigos
que a vuestros ojos maté.
Viniendo por este monte,
supe de los que os lleuaban
a las fiestas, quesperauan
Agramante y Rodamonte;
pero sol de luz más pura

1284-85. M.P., podéis la pena ponerme / a delito semejante. 1291. M.P., huélgome que vos seáis. 1292. M.P., porque. 1293. M.P., que hombre. 1308-9. M.P., Porque a Orlando en desafió / Si puedo, quiero matar. 1312. T., rendidos. 1318. M.P., Pero el sol de luz más pura.

quel sol apenas fue uydo,
quando por él al sentido
entró vuestra hermosura;
y tanta envidia con ella
del casamiento dichoso,
que luego me fue forçoso
salir el alma por ella.
Mi sol, biéndos a los dos,
para eclipsaros me puse;
la tierra fuy, que me opuse
entre Rodamonte y vos.
Eclipsada estáis agora;
busque el de Argel su fortuna;
no daréys luz a su luna,
sí al alma que os adora.
¡Ay, que os deuo de cansar!
Doralice. Por cierto, Rey, que no hacéis.
Por esclaua me tenéis,
y bien me podéis mandar.
Mandricardo. Yo soi yndigno.
Y ¡pluguiera Dios que fuera
tan noble, que mereciera
ser de aquesas plantas digno!
Y los dioses soueranos
sólo me den este bien.
Doralice. Harto mexor es que os den...
Mandricardo. ¿Qué, mi señora?
Doralice. Las manos. Folio, 30
Mandricardo. Pues si aquésas mereciera,
¿ya no estubiera a mis pies
todo lo que tierra es,
y yo en el cielo estubiera?
Sin falta os burláis conmigo.
Doralice. Pues, decidme, ¿qué e de hacer,
sola, cautiva y muger,
y en manos de mi enemigo?
Aseguradme de suerte
que cumpláys lo prometido;
que más os quiero marido,
que no enemigo tan fuerte.
Mandricardo. ¿Es posible tanto bien,
señora? En el rostro os muestro
la fe con que vibo vuestro,
y la del alma también

1335-37. T., Por cierto, Rey, que me hacéis, / muy gran mercé, y me podéis, / como a una esclava mandar.
1338. M.P., Yo soy el esclavo indigno.

Dadme aquesa hermosa mano;
que ¡por el sol y mi ley!
Os doy palabra de Rey
que soys y seréis mi esposa.

Doralice. Yo soy la que en ello gano
y dello palabra os doy.

Mandricardo. Yo soy vuestro.

Doralice. Vuestra soy.

Mandricardo. Sea la firma aquesta mano,
y bámonos a buscar
dónde regalaros pueda.
¡O sol, qué enbidia te queda
de verme en otro adorar!

Sale Rugero.

Rugero. Como de un sueño profundo
oy salgo aqueste emisferio,
en el qual soy segundo,
pues no sin causa y misterio
dos ueces renazco al mundo.
Y tanto su amor mostró
la madre que ser me dio,
que en sus entrañas mencierra,
porque ninguno en la tierra
diga que de mí triunfó.
Aquel varón cuyo nombre
sólo conviene a los dos,
por ser digno dese nombre,
sin duda quera de algún Dios,
y sino Dios, más que hombre.
Mas yo siento de mis braços,
que en dándole dos avraços,
cien mil bidas le quitarán;
luego, si no mencerraran,
¿no le hiciera mil pedaços?
Enpero, ¿en qué e rreparado
que fuera Dios o no fuera?
Que en sólo mirar ayrado,
treinta Dioses me comiera,
y así quedara endiosado.
Siendo más que un monte firme,
¿quién se pone a rresistirme,

1362. M.P., Dadme aquesa mano hermosa. 1369-73. T., Sea la firma esa mano / con que yo llevaros pueda; / ¡ah sol! ¡Qué envidia te queda / deste cielo soberano! 1379. T., Y tanto amor me mostró. 1399. T., Marte.

pues que mi madre, la tierra,
de su bientre me destierra
porque no puede sufrirme?
Sin duda, nazco el primero
o los honbres sencerraron:
¿huyen mi rostro fiero?
Sin duda que adiuinaron
que sale al mundo Rugero.
Porque mi xente senvarca,
mi nabío desenbarca,
caso que a una piedra asombre: Folio, 31
¡ni en toda la playa ay hombre,
ni en toda el agua una barca!
Por aquí suena una voz,
y de femeniles quexas:
¿si llora algún casso atroz?
Mas, ¡ay! Me offenden las orejas,
que voz de un hombre feroz.
Ya se acerca. ¡A, cielo santo,
con qué lástima y espanto
sus tiernos pies apresura!
¡Cómo es mayor la hermosura
quando la acompaña el llanto!

Sale Celaura por una parte del tablado.

Celaura. Espérame mar, detente,
no pases más adelante,
detén tu curso y corriente;
que yo haré que tu menguante
con mis lágrimas creciente.
Rugero. ¡O, más que Diana hermosa!
¿Con quién te podré igualar?
Celaura. Sosiégate, mar, reposa.
Rugero. Quien manda que pare el mar,
¿qué puede ser sino Diosa?
Celaura. Mar soverbio, ayrado y fuerte,
recíbeme.
Rugero. ¡O, mala suerte!
Detente. ¿Dó vas perdida?
Quien puede al mundo dar vida,
¿así se entrega a la muerte?

1404. T., Sin duda no es el primero. 1406. M.P., Huyen de mi rostro fiero; T., Temiendo mi rostro fiero. 1410. Este verso se repite dos veces en el manuscrito; el segundo verso, que no hemos computado, es: "mi nabio se desvarca." 1417. M.P., Más me ofende las orejas. 1428. M.P., con mis lágrimas creciente.

No hagas echo tan injusto.
Celaura. ¡O, aborrecible nombre!
Hombre, nombre de disgusto;
no puede ser sino hombre
quien me privó de mi gusto.
Rugero. Pues si la mar te sorviera,
¿piensas que bastante fuera
para poderte usurpar?
Yo me veuiera la mar,
y así te sacara fuera.
Sosiega, pues, que te hallas
con quien no temas que tenoxe,
pues me rrindes y auasallas;
y esas lágrimas rrecoge,
que no es bien despreciallas.
Dime, ¿dónde cobras tal pena
que al mundo asombras,
que apenas la voca abras,
quando al pie de tus palabras
pongo por suma mis obras?
Celaura. De la tormenta y çoçobra
algún tanto salgo afuera,
y mi habla aliento cobra;
cien mil palabras le diera
a quien hiciera una obra.
Al que con la fuerça suya
la uida quite y destruya Folio, 32
dél que robó la honra mía,
palabra y mano daría
si me bengase la suya.
Rugero. ¿Son uno o dos, di, los nombres?
Celaura. ¿El nombre sauerle quieres?
Es Feragut, no te asombres,
engaño de las mugeres
y desengaño de hombres.
Este, cuya vida agrada
en lo esterior mirada,
que al más advertido engaña,
queriendo pasar a España,
en su naue me dio entrada.
Este bruto, aquesta fiera,

1440. M.P., ¡Oh, qué aborrecible nombre! 1443. T., ¿Quién pudo ser sino hombre / quien estorbase mi gusto? 1443. M.P., Pues si la mar se sobiera. 1453. M.P., que no es bien desperdiciallas. 1454. M.P., Y dime, ¿de adónde cobras tal pena que al mundo asombras. 1457. T., Cuando al fin. 1458. T., Ponga por firma. 1461. T., Alma. 1475. M.P., Aun en lo esterior mirada.

tanto de mí se pagara,
que mil palabras me diera:
en siempre me transformara
para que de mi huyera.
Del puerto se fue alabando
que yba a España publicando,
rota de Francia siguiendo,
velas de su nao tendiendo,
y las de mi honrra arrastrando.
Fingió el cruel que me amaba:
¿que fingió dixe? Es ansí,
pues con palabras mostraua,
que, acordándose de mí,
de Angélica se oluidaba.
Hiço uoto dexarla
y por mi causa oluidarla;
mas por no yrla oluidando,
yba rraçones formando
en que es fuerça nombrarla.
Era su malicia tanta,
que anudaba en mí sus braços
con una afición quespanta,
de cuyos nudos y laços
lasta agora mi garganta.
Y acauada su jornada
con ella fuera acauada;
luego en Francia si os dexó,
la palabra me quebró,
y así me dexó burlada.
Pues como la ley ordena,
según que parece escrito,
que en esta forma condena,
si en el mar hace el delito,
en el mar pague la pena.
Y pues mi tormento crece
y el mar menguante sofrece
xusto será que me arroje.
Rugero. Buelue, que aun el mar sencoje
por uer que no te merece;
y uen, daré muerte fiera
a quien te dexó perdida.

1482. M.P., En sierpe me transformara. 1486. M.P., Ruta de Francia siguiendo. 1489. T., E. traidor. 1494. M.P., Hizo voto de dejalla. 1497. T., Razones iba buscando. 1498. M.P., En que era fuerza nombralla. 1505-6. T., y al cabo desta jornada / que en ella fue ya acabada. 1506. M.P., Luego que en Francia surgió. 1512. T., Hice el delito. 1520. T., Ofendida.

Celaura. ¡Detente, señor, detente,
no le pribes de la uida!
Rugero. Sígueme.
Celaura. No bays. Folio, 33
Rugero. ¡Muera!
Celaura. Espera, Señor.
Rugero. Ya espero.
Celaura. Enbayna, enbayna primero.
Rugero. ¿Qué quieres?
Celaura. Entretenerte
porque no le des la muerte,
que más que a vibir le quiero.
Sólo lo que os ruego y pido
es, señor, que me sigáis,
por lo qual seréis servido,
y que de suerte hagáis
que cumpla lo prometido.
Rugero. Si de mí no te desuías,
ya no goçarás sus días,
porque mientras tú le bales,
y tus manos, pues son tales,
más fuerça tendrán las mías.
Dicen que te tienen en calma
y que goça el alma tuya,
y de tu flor lleuó palma;
quisiera por uer la suya
mil veces sacarle el alma.
Bamos de aquí porque vea
lo que tu gusto desea,
y desde aquí te aperciue,
que si a un ángel no reciue,
que del infierno lo sea.
Muebe la hermosa planta
quel suelo no mereció,
y los pasos adelanta;
que no de pasar el no
arriua de su garganta.
Celaura. Viendo el valor que en vos sobra,

1523. M.P., No vayais. 1528. M.P., Que más que al vivir le quiero. 1531. T., Pues que dello sois servido. 1532. M.P., Y que de tal suerte hagáis. 1534-38. T., Si de mí no te desvías, / ya no gozaba sus días; / que mientras que tú llegabas / y a las manos me tocabas, / más fuerzas que entre las mías. 1539-42. T., Dices que te tiene en calma, / y quejosa el alma tuya, / y de infiel lleva la palma. 1544-48. T., Vamos y haré que se vea / lo que mi alma desea; / a una cosa te apercibe, / que si Angel no le recibe, / que le hecho al infierno creas. 1549. M.P., Mueva ya la hermosa planta.

sin duda que luego abra;
vamos, que en mi honor cobra,
y matarlo e de palabra,
y no lo matéis de obra.

Rugero. De mi espada los aceros,
sus pensamientos ligeros
cortarán de aquesta vez;
que mi espada es como diez,
los hombres que mata, ceros.

Éntranse Rugero y Celaura, y entra Rodamonte y los suyos.

Rodamonte. Bien será dar el asalto
por esta parte del muro,
ques lugar menos seguro
y está de socorro falto;
que si de Marsilio el voto
que dé biene acontentalle,
primero que tomen a Arle
será el exército rroto.
¡Ay, mi bella Doralice,
que la palabra me quiebras,
que axenas bodas celebras!
El alma ausente me dice
que me rrompiste la fee.
Y tú, Rey Estordilano,
si ya me diste la mano,
¿cómo me as dado del pie?
Temores, ansias, recelos,
bella Doralice, espero;
que tengo por mal agüero
auer entrado en mí celos.

Entra Boacén solo y dice con la espada en la mano y sangriento braços y manos y caueça alborotada:
Folio, 34

Boacén. ¡O capitanes, gente valerosa!
Por lo que ymporta, me decid adónde

1558-59. T., Y matadlo de palabra / no me le matéis de obra. 1568-71. T., que si de Marsilio el voto / que no le dé mas tal es, / primero que tome arnés / será el ejercito roto.

asiste el Rey de Carça, Rodamonte.
Soldado. Vedlo, aquí está.
Rodamonte. Detente, espera, aguarda;
¿Qué nueva es la que traes?
Boacén. Es la más triste
que pudiera benir a tus oýdos.
Rodamonte. Dila, que no podrá llegar a la que tengo.
Boacén. Con aquel aparato y viçarría
que se le deue a tu valor y estado,
tu bella Doralice te traýa.
Haciendo siesta en un hermoso prado,
Mandricardo allegó haciendo plaça,
qual si fuera un león determinado.
Esgrime en torno una nudosa maça
con la uelocidad de un suelto pardo,
y a los nuestros los mata y despedaça.
Qualquiera golpe nuestro llega tardo;
que su belocidad y mucha fuerça,
burlada dexa a la saeta o dardo.
Este, menos de grado y más por fuerça,
tu bella Doralice procurando,
en nuestro daño, su balor esfuerça.
Hombre se halló allí que caminando
yua quarenta noches con sus días,
desde bruto feroz, y rrecelando.
Boluiéronse pesar sus alegrías,
y tu esperança la lleuó al contrario,
mas acordando quando la ponías. Folio, 35
En su poder la lleua el temerario,
ella lançando temerosos gritos;
pero quexarse allí no es necessario.
Llebóla al fin y entre infinytos,
quiso Alá quescapara y que biniesse,
por entre aquestos robles y palmitos,
a que las nuebas trájicas te diesse;
Alá saue, señor, quanto me pesa
que entre el amigo campo no muriesse.
Rodamonte. ¡O Mahoma cruel! ¿En esta ympresa
tan descuydado estauas, que hacías
mi esposa de un cruel tártaro presa?
¡O perro, apostaré que te dormías

1587. M.P., Al soldado M.P. le da el nombre de Aridante.
1590. M.P., Di, que llegar no puede a lo que pienso.
1611. M.P., mal acordado dónde la ponías. 1615. M.P., Llevóla al fin, señor, y entre infinitos.

y nayde entonces gouernaba el cielo,
y que al licor del Baco se ofreciesse!
¿Para eso se te da cargo del suelo?
¿Desta manera a Rodamonte quitas
su bida y onrra un tártaro moçuelo?
No a de quedar altar en tus mezquitas,
quemar quiero tu ymagen y qualquiera
libro que tenga tu Alcorán escrito.
Y las cenizas de tu estatua fiera
pisaré, porque ordena la ley mía,
que de tus guesos la ceniça muera.
¿Qués esto que menciende, que porfía
sacarme el alma por el pecho avierto?
¿Qués de aquél que la nueba me trayga?

Boacén. Aquí me tienes.

Rodamonte. ¡O, Boacén! Por cierto
que moluidé de darte las albricias.

Aquí le da un porrazo que le mata,
y cae en tierra Boacén.

Rodamonte. Tómalas, pues. Folio, 36

Boacén. ¡Ay, cielo que me a muerto!

Rodamonte. ¡Quitádmelo de aý! ¿Así te enuicias,
Mahoma yngrato, en maltratar tu gente?
¿De qué tesoro o posesión codicias?
¡O, santo Alá! No estaua aquí presente
agora Doralice, dime, moro,
el vello sol del granadino Oriente?

Criado. ¿Qué me pides, señor?

Rodamonte. ¡Que tal tesoro
pueda encubrirme, aquella nube
formada de las lágrimas que lloro!
Pero es del humo que a la frente sube.

1626. M.P., Y que al licor de Baco te ofrecías.
1627. T., ¿Para eso te dio Alá cargo del suelo?
1631. M.P., He de quemar tu imagen y cualquiera.
1634. M.P., ordene. En la edición de Tortosa la acotación es diversa: Ahógale en los brazos. 1641. T., Que soy muerto. 1642. M.P., ¡Quitádmelo de ahí luego.
1644. M.P., ¿Di qué tesoro, o posesión codicias?
1645-47. T., ¡Oh santo Alá, que no esté aquí presente / mi bella Doralice! Dame moro / el bello sol del granadino Oriente. 1649. M.P., Pueda encubrirme una pequeña nube.

Criado. ¡Por Alá que te temo!
Rodamonte. ¡Mandricardo,
hombre que yo por mi basallo tube,
hombre que biste de una tigre o pardo
una piel desollada! ¿Es vien questimo
me quita a mí? ¡O santo Alá! ¿Que agurdo?
Un monstruo más estraño que Laurimo,
lleua mi gloria. ¡O Mahoma yngrato,
ya contra él y contra ti me arrimo!
¡Santo Alá! Si lo coxo y arreuato,
entre mis braços le deshago el pecho,
los guesos le quebranto y desuarato,
y entre mis dientes mil pedaços hecho,
sus carnes como y de su sangre vebo,
Folio, 37
del mundo que lo estorue a su despecho.
¿Quieres ver, Aridante cómo pruebo?
Haz quenta queres Mandricardo fuerte.
Criado. ¡Buen galardón dé mis seruicios lleuo!
Pues ¿cómo, di, señor, de aquesa suerte,
coxiéndolo sin armas, desarmado,
le quieres dar a Mandricardo muerte,
que el otro no estará tan descuydado?
Si me quieres matar, dexa que arme
de um peto el pecho, y matarásme armado.
Rodamonte. Bien dices, Aridante; que auisarme
sólo pudiera ese ingenio agudo.
Criado. Pues yo me boy. ¿Dó quieres aguardarme?
Rodamonte. Aquí te aguardo, y trae con el escudo
un tronco semexante al del contrario.
Criado. ¡Gracias al cielo que livrarme pudo!
Allá te queda, loco temerario;
que no me volberás a ver si puedo.
Rodamonte. Que pruebes esta espada es necesario.
¡Qué vien la esgrimo, qué brioso y ledo
me queda el vraço! ¡Soy el mismo fuego:
no soy el mismo, digo que le excedo!

1655. M.P., una piel desollada, ¿el bien questimo. 1659. M.P., Ya contra él y contra ti me animo. 1666. M.P., ¿Quieres ver, Aridante, cómo pruebo? 1670. M.P., acojiéndole. 1676. M.P., ...aquese ingenio agudo. 1683. M.P., Que pruebe aquesta....

A tomar la vengança parto luego,
¡o, bella Doralice, del que amas,
dese atreuido, dese infame, dese ciego!
En secos troncos y en las verdes rramas
tal fuego esparciré por todo el suelo,
Folio, 38
que consuman las suyas vuestras llamas.
En el ayre hallaréis mis pensamientos,
y quando sea que os subáis al cielo,
aredes que an de estorbaros vuestro buelo.
Apréstense de oy más los elementos,
porque el mundo pequeño se aperciue
a deshacer del grande los cimientos.
Todo aquello que no asiste y vive
hasta que encuentre al bruto Mandricardo,
desminución de su balor rrecive.
El fuego os boy a echar en que me ardo:
huyd, que ba a vuscaros Rodamonte
con sueltas manos, aunque paso tardo.
¡O, Mahoma cruel, en cobro ponte;
lleua al nobeno cielo tus ceniças,
que alcanço si las pones en un monte!

<u>Sale Ferragut</u>.

Ferragut. No bengo a mala ocasión
a socorrer a Agramante;
antes le seré ymportante
en su xusta rredención.
Aquí, aquí, me quiero ver;
en batalla allarme quiero,
donde destemple un acero
y no temple una muger.
Aquí quiero estar despierto
donde me terná advertido,

1689. M.P., Dese atrevido infame, dese ciego. 1693-95. M.P., Y cuando sea que os subáis al cielo, / en el aire hallaréis mis pensamientos, / juntos todos que estorben vuestro vuelo. 1699. M.P., Todo aquello que él asiste y vive. 1706. M.P., tus riquezas. En la edición de M.P. hay un verso más:"y no se escaparán de mi fierezas." Este verso no aparece en el manuscrito. 1711. T., A su justa pretensión. 1713. T., En batallas verme quiero. 1714. T., El acero. 1715. M.P., Y no temple a una mujer. 1716. T., Dispuesto. 1717. M.P., Adonde tengo advertido.

enemigo conocido,
y no enemigo cubierto.
Medoro te busque y cobre,
Angélica, porque ver lloro
queres un falso tesoro;
tú lo boluerás en cobre.
Mas no permitan los cielos
que te vea más presente;
que el estarlo es acidente
de pestilencia de celos.

<u>Salen Celaura y Rugero</u>.

Celaura. En oportuno lugar *Folio, 39*
y a buena ocasión llegamos,
pues que solo lo hallamos;
él es, y podéis llegar.
Usad de términos buenos
al punto que habléis con él,
ques mal sufrido y cruel;
fuélo para mí a lo menos.
Rugero. No deueis de conocerme;
pues hermano avéis tenido
que, porque me a conocido,
seguro en la tierra duerme.
Celaura. El cielo guarde a los dos,
pero a Ferragut primero.
Rugero. Alá os guarde, caballero.
Ferragut. Él venga, señor, con vos.
¿Qués lo que de mí buscáys?
Porque le será importante
llegar presto yo Agramante.
Rugero. De nombre, ¿cómo os llamáis?
Ferragut. Ferragut: está cumplida,
señor, vuestra boluntad.
Celaura. Ésta es la primer verdad
que dixo en toda su bida.
Rugero. El preguntar nunca daña;
de vos, señor, sabido

1719. T., Encubierto. 1720-23. T., y Medoro pierda o cobre / a Angélica, que es su oro, / diese su falso tesoro, / este lo volverá en cobre. 1744. Este verso se repite dos veces en el manuscrito. 1745. M.P., Porque me será importante. 1746. M.P., Llegar donde está Agramante.

que de Francia avéis surgido,
trayendo rota d'España.
Ferragut. Sí, Señor: yo vine de allá
con el temporal siniestro.
Rugero. ¿Vino en el nabío vuestro
Celaura, noble doncella
de lindos ojos y cejas?
Ferragut. ¿Celaura?
Rugero. ¿De qué televas?
Celaura. ¡Cómo se hace de nuebas,
pues no es amigo de viejas!
Rugero. Ella es blanca.
Ferragut. Puede ser.
Celaura. Este traydor me tiñó.
Rugero. Qué, ¿tán mal os pareció,
que no la quisisteys ber?
¿No la bisteys, y el engaste
del pecho divino y blanco?
Celaura. ¿Las señas le vas negando?
Pues despacio me miraste.
Rugero. Finalmente, ¿pasa ansí
que no la visteys?
Ferragut. No, digo.
Celaura. Desconocido enemigo,
¿conócesme agora, di?
¡Muere, falsario! ¿Quésperas?
Ferragut. Señora, um poco más blando.
Celaura. Matáuale de burlando;
que muero por él de veras.
Rugero. Celaura, estad sosegada
en la presente ocasión;
que asta que falta raçón,
nunca empuñe yo mi espada.
Caualler, yo e sabido
que aquesta dama hermosa Folio, 40
le auéis dado fe desposa
y palabra de marido.
Pues lo que pediros quiero
es, si ya no lo negáys,
la palabra le cumpláys
a ley de buen cauallero.
Ella es cossa que me toca
por deudo o por parentesco;
esto pido, si merezco
por mí un sí de vuestra boca.

1756. M.P., yo vine a ella. 1759. T., Celaura, una dama bella.

Ferragut. Digo que nunca le di
tal palabra.
Rugero. ¡O, burlador
de casto y perfecto amor!
¿Tu burla pagas ansí?
Ferragut. Ciego estoy, no ay que dudar;
de vista y de luz carezco.
Celaura. Hasta en esto te parezco;
bien nos podemos cassar.
Ferragut. Con encanto me deribas;
¿tam poco tu vida pudo?
Rugero. ¡Afuera, encantado escudo,
que de mi gloria me privas!
¡Afuera, escudo echicero,
que mancho con tu deshonra
todo el valor, fuerça y onrra
del valeroso Rugero!
Y porque en tiempo ninguno
nayde de ti se aproveche,
es vien que en el poco teche,
pues se me ofrece oportuno.
Allana ya tu virtud
y tu vano encantamiento,
porque en estos braços siento
sobrada fuerça y salud.
Ferragut. Pues agora ven conmigo,
aquella parte que muestra
del monte a la mano diestra;
que quiero luchar contigo;
y verás si te entretengo.
Rugero. Tienes valor, no lo dudo,
pero a fe que ay otro escudo
entrestos vraços que tengo;
y si acaso te venciere,
¿querrásla por tu muger?
Ferragut. Dél que me puede vencer,
haré lo que me pidiere.
Rugero. Vamos, que de mi valor
siento que bencerte pueda.
Aquí, Celaura, te queda
esperando el vencedor.
Celaura. Por vos mi rremedio espero,

1797-99. T., ...A tu despecho/por la traición que le has hecho pagarás la culpa ansí. 1805. T., Tu fuerza. 1816. T., Allá vaya tu inquietud. 1819. T., Doblada fuerza y salud. 1832-35. T., y vamos que mi valor / siente que te ha de vencer. / Aquí os podéis detener / esperando al vencedor.

aunque con algún temor.
¡A señor, señor, señor!...
Rugero. ¿Qué quieres?
Celaura. Pediros quiero
que, en la fuerza de luchar,
no os mostréis con él furioso,
porque si fuere mi esposo
no tenga yo que curar.
¡A, señor!
Rugero. No seáys molesta; Folio, 41
que mientras más me llamáys,
haced quenta que tiráis
la cuerda de la vallesta.

Aquí se entran y queda Celaura.

Celaura. ¡O, disparate de amor!
¡Que a quien vusco por marido
lo deseo ser bencido,
y al contrario vencedor!

Rugero. Rugero, mucho tesfuerça
para ver de sus braços
que tiene en ellos gran fuerça.
Sin duda que se atropella:
el concierto fue ninguno:
pelean dos contra uno,
son él y Angélica vella.
En ella está transformado,
y ansí, rrecelo, señor,
que en lugar de traerme amor,
no bengáys enamorado.
Pero con tu fuerça entera
su persona sea apretada,
que viéndose cogoxada;
Angélica saldrá afuera.

Entra Rodamonte y dice, yendo por el tablado adelante.

1848. T., ¡Ah desventurato amor! 1850-51. T., Le deseo ver vencido, / y al contrario vencedor. 1853-54. M.P., Para huir de sus abrazos / y no te cierre en su brazos. 1858. M.P., soy él. 1855-58. T., Sin duda se ha atropellado; / fue el concierto grande error; / que en vez de olvidar amor, / vendrá más enamorado. 1864-66. T., será su cuerpo apresado, / y viéndose congojado, / Angélica saldrá fuera.

Rodamonte. No me responden los cielos,
ni el ynfierno quiere oírme;
a todos causo rrecelos,
nayde quiere responderme,
porque voy con mal de celos.
Usa, ynfierno, de birtud;
recíveme en la inquietud
desos tus tormentos luego;
pero negarásme el fuego
porque no tengo salud.
Toda la tierra abrasada
deja el fuego en que me ardo,
y de mí no ha sido hallada;
más tiene Mandricardo,
y Mandricardo no es nada.

Celaura. Vosotros estáys luchando
y amor me ba sustentando
con temores y rrecelos;
ma estos rrabiosos celos
mestán el Alma abrasando.

Rodamonte. ¿Quién se quexa ¡o Santo Cielo!
de celos y su furor?

Celaura. La que más tiene en el suelo;
yo me quexaua, señor.

Rodamonte. Y ¿sientes algún consuelo?

Celaura. No, señor, más penas siento,
mayor congoxa y tormento;
son mis penas más feroces.
¿Qué harán sino dar voces
el questá puesto en tormento?

Rodamonte. Dexadme ya sosegar,
celos rrabiosos, malditos, Folio, 42
o bamos a pelear;
enpero soys infinitos,
que no ay número que os dar.

Celaura. ¿Quáles son de mí los celos?

Rodamonte. Míralos, velos allí.

Celaura. Pues, ¿los celos en los cielos?

Rodamonte. Pues se atrevieron a mí,
coliges tú qué son celos,
de dónde nacen y vienen
los celos que te entretienen.

Celaura. Cáusalos mi desventura
de un estremo de hermosura
mira si rremedio tienen,

1870. M.P., Nadie quiere recibirme. 1880. M.P., más tiénla Mandricardo. 1882. T., Me estáis burlando. 1883. T., Provocando. 1895. M.P., ¿Qué hará sino dar voces. 1911. T., Y un extremo de locura.

de una Angélica que alcança
la veldad que se desea,
digna de toda alauança;
que si fuera necia o fea
tuviera alguna esperança.

Rodamonte. No rreparo en ser mexor
la persona o en ser peor;
que los celos en que ardo
me los causa Mandricardo,
hombre de poco balor.

Celaura. Ése es mi hermano.

Rodamonte. ¡Tu hermano!
Espera en el ayre vano
leña que cause mi llama,
no quede tronco ni rrama,
¡muera hermana de un villano!
Celos rabiosos, prometo
de dar muerte no hacer pausa
hasta que ponga en aprieto,
y que a de morir la causa
para que muera el efeto.
Cada qual busque varreras
do huya la muerte fiera,
porque an de hacer mis açañas
abrir las vibas entrañas
hasta echar los celos fuera.
La vida es ida a los cielos,
y la muerte allá al profundo,
y quedará sin rrecelos
Rodamonte acá en el mundo.

Vase Rodamonte dándola mucho porraço, que la dexa casi muerta, y Celaura queda muriéndose.

Celaura. Mis llantos, quejas, gemidos,
oy an sido concluidos;
la muerte recela entrar;
parca, acaba de llegar,
que los celos ya son ydos.

Aquí entran Rugero y Ferragut como que no la ven.

Ferragut. Oy mi vida se restaura

1914. T., Sujeta a humana mudanza. 1918. M.P., La persona o ser peor. 1923. M.P., Esparce en el aire vano. 1924. T., Enciende. 1928. M.P., en dar muerte. 1929. T., Perdiento siempre el respeto. 1941. M.P., a tomar cuenta a los celos.

con el prometido feudo,
y vos me tened por deudo,
y por marido a Celaura.
Celaura. !Ay!
Ferragut. ¿Quién se quexa, cielo Santo?
Folio, 43
¿Es Celaura?
Celaura. Sí, ella es.
Ferragut. Torpes y pesados pies,
¿cómo os detubisteys tanto?
¡Celaura, Celaura mía!
Celaura. El mayor es de la muerte.
Ferragut. ¿Quién os priuó, Luz del día?
Esposa, mi pena es fuerte,
y mi dolor es agudo.
Celaura. ¡Ay! Agora atas el nudo
que lo desata la muerte!
¿Saues qué saco de aquí
al tiempo de mi partir?
Que fue menester morir
para que diesses el sí.
Rugero. ¿Quién de vida os a priuado,
Celaura?
Celaura. Fuerte Rugero,
un hombre feroç, seuero,
celoso y desesperado.
Rugero. Conózcole por las señas.
Ferragut. ¿Quién es, Rugero?
Rugero. Rodamonte.
Ferragut. Pues ¿cómo de aqueste monte
no boy rompiendo las peñas?
¡Por Alá, que si en el cielo
no se esconde el Africano,
que lo a desacar mi mano
de las entrañas del suelo!
Celaura. Español, dame los braços,
que ya siento despedirme;
que fue menester partirme
para goçar tus abraços.
Ferragut. De voluntad se te dan,

1947. T., Conocido. 1949. M.P., Y por marido, Celaura. 1950. M.P., ¿Qué es esto, cielo santo? T.,¿Quién se queja cielo santo? 1955. M.P., ¿Qué es vuestro tormento fuerte? No hay este verso en el manuscrito. 1956. M.P., Quién privó de la luz al día. 1967. T., Un hombre robusto y fiero. 1970. M.P.,¿Quién, Rugero?

Celaura: partirme quiero;
que puesto que soy acero,
tu hermosura es piedra ymán.
El cuerpo dexas en calma,
echo sombra deleytosa;
Ferragut doy más rreposa
a la sombra de tu alma.
Delicados miembros tuyos
se esparcieron por despoxos,
¡y que cerrasen tus ojos
para abrir el sol los suyos!

Rugero. A lágrimas me probocas;
el cuerpo de aquí lleuemos
a aquellos que vemos
xunto a las marinas rrocas,
donde a sus fuertes heridas
aplicaremos rremedio.

Ferragut. Vamos, y busquemos medio
para rrestaurar dos vidas.
¡O, gran fuerça rreyna en ella!
O no puede levantarla,
o la tierra, por goçarla,
parece que tira della.

Llévanla.

FIN DEL ACTO SEGUNDO DE "LOS CELOS DE RODAMONTE"

1983. T., Que puesto que fui de acero. 1985-88. T., El cuerpo dejas con alma, / hecho sombra de la tierra, / Ferragut de hoy más te aferra / a la sombra de tu alma. 1990. T., Que esperaba por despojos.
1995. M.P., A aquellos riscos que vemos.

ACTO TERCERO
DE LOS CELOS DE RODAMONTE

<u>Salen Velardo y Lisdano y Melisa, Villanos.</u>
Folio, 44

Belardo. Qué, ¿no se a levantado aún nuestro guesped?
Lisdano. ¿Quieres que se levante, si rrepossa
a sueño suelto con su esposa vella,
a quien apenas suelta de los braços?
Y más...
Melisa. Que tiene dos heridas malas:
una de amor, y ésta es sin rremedio,
y otra que le dio ayer un su contrario.
Belardo. Ya lo e savido. Tú Lisdano amigo,
a hacer leña te rrecoge al monte;
y tú, Melisa, para los pastores
aplica al fuego la ordinaria olla.
Lisdano. Yo voy bolando.
Melisa. La comida apresto
Belardo. ¡O soledad dichosa!
¡Dichoso el que te tiene
apartado del tráfago y bullicio
donde alegre rrepossa,
alegre se entretiene,
ocupado en su rrústico exercicio!
Esto tienes por vicio;
rreposa sin cuydado,
y aunque de ponpa falto,
en el lugar más alto
se halla, sin pensar, entroniçado
sujetando la tierra,
y es rey en paz quien no lo fuera en guerra.
Folio, 45
No el ver a Mandricardo
con esta mora bella
celebrar su dichoso casamiento,
el alma de Velardo
puede mover, y en ella
causar un enbidioso pensamiento.
El goce su contento,

2005. M.P., En la edición de Tortosa falta el "aún."
2010. T., Y aqueste sin remedio. 2012. T., ¿Ya lo has sabido tú, Lisdano amigo? 2016. T., Ya voy, Belardo.

que mi labrança y bueyes
no enbidian su fortuna,
pues no ay ventaxa alguna
de mi cayado al cetro de los reyes;
que mi azadón y pala,
al alto monte con el valle iguala.

Salen Mandricardo y Doralice.

Mandricardo. El sol a salido ya;
ora será de partir.
Belardo. Mas despúes que os bio salir,
dama, excurecido sea;
que vuestros soles son dos.
Y con éste escurecido,
tres diremos que an salido
si sale a veros a bos.
Doralice. Basta, que el guésped, señor,
a dado en burlar mis ojos.
Mandricardo. No podrá, porque en despojos
tienen los ojos de amor.
El sol alumbra después
que vuestros ojos salieron,
porque los rayos les dieron,
y ansí los soles son tres.
Belardo. ¿Quién abrá que se resysta?
Y, ¡cómo que lo abrasáys
por dondequiera que vays,
con los rayos desa vista!
Doralice. A fe, Velardo, que hacéys
muy cortesano pastor.
Belardo. Ya e sido esclauo de amor,
por rústico que me veys;
que en un tiempo fuy querido,
fee mantube y tube fee,
oluidóme y oluidé,
aborezco aborrecido.
Y así, con aquella gloria,
digo a veces mi rraçón;
que aunque perdí la ocasión,
no e perdido la memoria.
Mandricardo. Todo saue a amor, señora,
adondequiera questoy, Folio, 46

2046. M.P., Dama, obscurecido va. 2054. M.P., Rinde los suyos amor. 2062. M.P., En la edición de Tortosa estos tres versos están en boca de Mandricardo. 2069-70. T., Olvidáronme, olvidé; / aborrecí, aborrecido.

que como amante alfin voy,
adonde amor vibe y mora.
Belardo. A fe, que me avéis costado
más dolor del que pensáys,
y presentes renobáys
memorias de lo pasado;
que como juntos coméys,
xuntos andáis y dormís
y en sólo un cuerpo bivís,
y sólo un alma tenéis,
y como siempre en los braços
tenéys, señor, vuestra esposa,
y ella os responde amorosa
con alguno y más abraços,
mil memorias de mi gloria
me abéys echo recordar,
y mil veces repasar
todo el libro de memoria;
que yo, como vos, me bi
a medida del deseo,
y ia, como beys, me beo
llorar el bien que perdí.
Mandricardo. No más, guésped, que os prometo
que si en tal punto me hallara,
sólo el morir deseara,
y lo pusiera en efeto.
Si de la gloria que tengo
me ubiera faltado algún día
¡pobre de la vida mía!
Belardo. Esa, muriendo, entretengo.
Doralice. Todos los hombres decís
que tenéys ese deseo,
y a ninguno morir veo,
antes más sanos vibís;
que por un gusto perdido,
otros cien mil se os ofrecen,
y apenas os aborrecen,
quando avéys aborrecido.
Mandricardo. Y ¿no a de aver diferencia?
Doralice. Todos soys de una color;
para principio de amor
ya es esa mucha licencia.

2082-83. T., Después que en mi casa estáis. / Aunque poco ha cuadrado. 2090. T., Con recíproços abraços. 2094. T., De mi historia. 2097. T., Cual solo me veo. 2104. M.P., Me viese falto algún día. 2118. En la edición de Tortosa estos dos versos los dice Mandricardo.

Belardo. Muy poco vasta, señor,
donde mil exemplos sobran.
Mandricardo. ¡Quántos mala fama cobran
por uno que fue traydor!

Entra Lisdano alborotado.

Lisdano. ¡Guárdeme el cielo de tu ayrada mano,
que ygualo al cielo, y me parece poco!
Belardo. ¿Qué furia es ésa? ¿Dónde vas, Lisdano?
Lisdano. Socorredme de una yra del ynfierno,
puesto que en forma y en espíritu humano
no a visto el siglo antiguo ni el moderno
exemplo como aquéste de la fuerça
Folio, 47
de aquel amor gigante y niño tierno.
Belardo. Acaua ya de hablar.
Lisdano. Temo que tuerça
el camino que lleba, y de la suerte
que a muerto algunos, que en matar se esfuerça,
mostrándose feroç, ayrado y fuerte,
dexando el suyo, seguí mi camino,
y nos condena a miserable muerte.
Mandricardo. ¿No dices quién?
Lisdano. Orlando paladino,
que él sólo es por el monte y sierra
sigue el furor de su fatal destino.
Mandricardo. Ya todo mi contento se rresuelba
en pena amarga, púes tendré tam poco,
hasta que a su primer sentido vuelba.
¿Yo tengo de matar un hombre loco?
Mas sospecho que finxe su locura
saviendo que a las armas le prouoco.
Por no poner la uida en aventura,
si acepta el desafío que le pido,
con ese ardid livrárseme procura.
Saued, mi Doralice, quése a sido
el que mató a mi padre, y por quien dexo
todo mi reyno tártaro perdido.
Por éste vine a Francia, y dél me alexo;

2124. M.P., Que igualo al viento, y me parece poco. 2126. T., Huyendo de una furia del infierno. 2127. T., En forma de hombre y en la mano un leño. 2135. M.P., Dejando el suyo, siga mi camino. 2136. M.P., Y hallándome aquí me da la muerte. 2138. M.P., Que hecho loco, por el monte y selva.

ved de qué furor vengança aguardo;
del tuyo, cielo, con rraçón me quexo.
Lisdano. Que no, señor, ques fuerte y es gallardo,
quanto Francia a tenido cauallero;
Folio, 48
mexor su historia os contará Belardo,
que no furor de algún mortal guerrero
hacerle andar tan abatido pudo,
ques otro Alcides, tan rrobusto y fiero.
Que agora, como veis, que anda desnudo,
entre las armas de vuestra gente,
y entra furioso, el pecho por escudo.
Es locura de amor el accidente,
que de una yngrata Angélica le a dado,
de celos rigor, firmeza ardiente.
Ayer me dicen que por este prado
vajaua en seso libre el pensamiento,
de dos pieças, a cauallo, armado,
con banda roja y con penacho al viento,
con xarretera verde, espuela de oro,
faldeta azul, señal de su tormento.
Y que en ciertos laureles vio a Medoro,
y rretrato en los braços de la vella,
ques un dichoso quanto humilde moro.
Dicen que vio al primero y al segundo,
sacó la espada y fue talando el monte,
frenético, celoso y iracundo.
La espada que primero fue de Almonte
quiso quebrar; no pudo, y arrójola.

2154. T., Del propio cielo con razón me quejo.
2162. M.P., Entre las armas de villana gente.
2163. M.P., Entra furioso, el pecho por escudo.
2166. M.P., De celos rigor, cometa ardiente. 2168. M. P., Bajaba el pecho libre y pensamiento. 2171. T., Con sobrevista verde. 2174. M.P., Retratado en los brazos de la bella. En la edición de M.P. después del verso 2175. aparece el siguiente verso: pues sin merecimientos goza della. Además, después del verso 2176. aparecen estos dos versos en la edición de M.P.: Con él ella abrazada, y él con ella. / ¡Qué envidiado será de todo el mundo! 2178. T., Como león rabioso y furibundo. 2180. T., O cual fuerte y feroz rinoceronte / fue a quebrarla, no pudo, y arrojóla; / espada que primero fue de Almonte.

Mandricardo. Esfuerça; braço; coraçón, disponte:
¿está en aquel lugar?
Lisdano. Señor, tomóla Folio, 49
Ceruín, de un cauallero de una rrama,
como prenda que fue de Orlando sola,
colgó todas las armas que derrama
el loco Paladín, por el suelo.
Tan dignas de su honrra y fama.
Mandricardo. Ese Ceruín hace mal.
Lisdano. Dirélo.
A defender las armas se dispuso,
como es christiano y con amigo celo;
encima dellas un letrero puso
con que tomar las armas se defiende,
que el dueño a quantos vienen ansí puso.
Mandricardo. ¿Esa abentura defender pretende?
¿No saue que la espada del Troyano
en otra mano su valor defiende?
Sé que la tuvo el paladín christiano;
mas yo, de su abentura y paso estrecho
gané estas armas de Éxtor por mi mano.
Durindana me viene de derecho,
y vien sabrá cobrarla aquesta diestra,
que no la rrige temeroso pecho.
Vente conmigo, y el lugar me muestra
donde quedaua aquesta centinela.
Lisdano. Sólo aventuraréys la uida vuestra;
que por las señas le halleréis en vela,
sentado en un almo, xunto a una fuente
con su dama, que llaman Ysauella;
porque endenantes fue ligeramente
Folio, 50
a cortar deste monte alguna leña,
quando el rrumor de fuxitiua gente,
desnudo al loco paladín menseña,
del monte, como el otro Polifemo,
arrojando una y otra peña.
Apenas huyo de las peñas temo,
quando corrió trás mí sin dalle llega
al miedo; que corría por estremo.

2181. M.P., Esfuerza, bravo. 2183. M.P., Cervín, un caballero de una rama. 2186. Corrección de M.P. En el manuscrito figuran sólo dos palabras: el loco.
2188. M.P., ¿Ese Cervín qué hizo más? 2207. M.P., Sentado junto a un almo, en una fuente. 2214. M.P., arrojando una peña y otra peña. 2215. M.P., Apenas huyo que las peñas temo. 2216. M.P., Cuando corrió tras mí sin darme tregua.

Alcançóme, asiéndome la yegua
la diestra mano; no es hablar de burlas,
dio con ella y conmigo media legua.

Belardo. ¿Burlas, Lisdano?

Lisdano. No lo tengas a burlas.
¡No le guiaré, por Dios!

Mandricardo. Ahora bien, vamos;
que aunque ello puede ser, pienso que burlas.
Mi esposa va conmigo.

Lisdano. Pues partamos;
que no a de ser más flaco ni cobarde,
pero permita el cielo que volbamos.

Mandricardo. Velardo, guárdeos Dios.

Belardo. El cielo os guarde.

Vanse y queda Velardo.

Belardo. Soberuio es aqueste moro,
puesto que famoso y fuerte.
¡Pobre Orlando, de qué suerte
un vil esclauo, Medoro,
te ua llebando a la muerte!
¿Qué Angélica a sido aquésta,
tan infame y desonesta?
¡Llámala el cielo demonio,
como darán testimonio
las uidas y honor que cuesta!
Guarda, christiano Ceruino;
dexa las armas y vete:
no te cause el paladino
la muerte, que te promete
el tártaro sarracino.
Que desde que aquí posaste
te cobrado tanto amor,
quanto fue el mucho valor.

Entra Rodamonte.

Rodamonte. O yo soy el mismo ynfierno, Folio, 51
o se conxuran contra mí los cielos,

2218. M.P., Alcanzóme, y asióme de la yegua. 2222. T., ¡No le mates, por Dios! 2232. T., Te viene a causar la muerte. 2243. T., Paraste. M.P., Que desde que aquí posaste / cuando esta mora sacaste / te he cobrado tanto amor, / cuanto fue el mucho valor, / con que mi casa obligaste. 2246. M.P., yo soy el mismo infierno.

cuyo rrigor eterno
me da tormento con rauiosos celos;
que soy un monte fuerte
que le pueden contrastar la muerte.
  ¡Ola, pastor dichoso,
que destas cabras sigues las pisadas
ni triste ni celoso,
llevándolas por sierras exusadas
a do te lleuan ellas,
beviendo siempre el poluo de sus huellas!
  ¿Tendrás posada, acaso,
para el más desdichado peregrino
que en ellas puso paso,
ni de otras tierras a la tierra vino?
¿Tendrás un aposento bien descubierto
y combatido al biento,
  para que el viuo fuego
de mis entrañas temple y desbarate,
y mobido a mi ruego,
mil infinitas lágrimas dilate?
Esto te ruego y pido
si a compasión alguna te e movido.

Belardo.
  Tengo, fuerte guerrero,
que os dará, aunque umilde y pobre,
pastor vaxo y grosero,
pero tal voluntad, que siempre sobre;
podrás entrar en ésta,
que al guésped no hacemos otra fiesta.
  Cenaréys de un cabrito,
y para postre, que ay de fruta falta,
Folio, 52
tendréys algún palmito
y lo que nunca entre pastores falta,
leche cándida y vella,
y el queso blanco en la texida encella.
  Tendréys este aposento,
albergue de un amigo y otro amigo,
adonde con contento

2251. M.P., A quien no puede contrastar la muerte. 2255. T., Guiándolas por sierras levantadas. 2260. M. P., el paso. 2261. M.P., Ni de otras tierras a la tuya vino. 2262. M.P., Tendrás un aposento / bien descubierto y combatido al viento. 2264. T., Adonde el vivo fuego. 2267. T., Mis infinitas lágrimas quilate. 2271. M.P., Una que os daré, aunque humilde y pobre. 2273. M.P., Pero tal voluntad, que siempre os sobre.

se aloxan de ordinario, y es testigo
de sus alegres vodas,
porque éste solo las celebra todas.

Rodamonte. No me lo deys, os rruego,
pues no puede seruir para las mías;
que mi pecho de fuego
querrá dormir entre paredes frías,
adonde oy an uiuido,
los que, qual yo, lloran un bien perdido.
Dame una peña fría
adonde arrime el cuerpo mientras pasa
oy la calor del día,
aunque la mucha que mi alma pasa
será contraria della;
que ansí lo ordena mi fatal estrella.

Belardo. ¡Que no, por uida vuestra!
Tomad deste aposento venturoso,
que al triste consuelo muestra
y al desdichado enseña a ser dichoso;
entrad conmigo con buen gusto,
que nayde tubo en él pena y disgusto;
que porque dél ay fama
que celebra infinitos desposorios,
el tálamo se llama: Folio, 53
ya sé que a abido algunos tan notorios
como el que agora lloro
de aquesa vella Angélica y Medoro.
La pastora Velarda,
sin otras cosas a su cassa y gente;
pero vien se lo llora,
pues es ceniça, como Troya agora;
que un diablo de un Orlando
dicen que a puesto a las paredes fuego,
y que se está abrasando

2289. T., Pues que no es tanto bien para las mías.
2293. M.P., los que lloran cual yo del bien perdido.
2297. M.P., Aunque la mucha que mi alma abrasa.
2301. M.P., Tomad este. 2302. M.P., que el rico gozo muestra. 2304. M.P., Entrad con muy buen gusto.
2305. M.P., Que nadie tuvo en él pena o disgusto.
2306. M.P., Que porque en él hay fama. 2312-14. M.P., La pastora Belarda, / diole su casa encima de la fuente, / y diole una esmeralda. 2316. M.P., Que un diablo de Orlando.

y que a la gente no le ualía ruego,
porque mataua ynfinitos
por no sé qué epitafios que halló
escritos.
Yo e sido más dichosso,
que en quatro días solos quetenido
un tártaro famoso,
de otra muger que Angélica marido,
me a dado aquesta joya,
sin ver en casa destruyción de Troya.
Rodamonte. ¡O, Alá supremo y santo!
Belardo. ¡Válgate Varrauás! Y ¿qué te toma?
Rodamonte. ¡O, causa de mi llanto!
¡O, blasfemo y reniego de Mahoma!
Belardo. ¡Ese te valga y lleve!
Rodamonte. ¿Qué furia es ésta que mi pecho muebe?
Ven acá y dime, hombre,
de aquese guésped su persona y señas.
Belardo. A fe, ques xentilhonbre
y de fuerça; aquí despeña,
que de un cordel colgando, Folio, 54
mejor las halla que si fuera Orlando.
Ayer mover quería
mi gente de labranza un grande carro
que cargado benía
y estaua detenido en este barro;
de aqueste carro, yo y todos
no pudieron sacarle por mil modos;
pero llega el membrudo,
y puesto el brazo sobre el hombro diestro,
así moverle pudo,
que no pudiera tanto el poder nuestro,
alçólo al fin del suelo
como se pinta en el Tebano el cielo.

2319-20. M.P., Y que a las gentes no les vale ruego, / porque mata infinitos. 2329. M.P., ¡Válgate Barrabás! Y ¿que toma? 2337. M.P., Y de fuerza; que tengo allí dos peñas. 2339. M.P., Mejor las alza que si fuera Orlando. 2343. Este verso lo hemos sacado de la edición de M.P. puesto que el del manuscrito es así: "y estaua de catarro." El mismo verso es precedido de una x, lo cual parece indicar que el copista quería cambiarlo. 2344. M.P., De aquese arroyo, y todos. 2347. Este verso es ilegible en el manuscrito; el verso 2348 no figura en el manuscrito; seguimos, por tanto, la edición de M.P. 2351. T., Como le pintan el Tebano el cielo.

El hombre, uien ablado,
y aunque es souerbio y umilde por estremo,
y también regalado,
de aquella dama, que su bida temo,
porque con mil abraços
xamás se quita de sus bellos braços.
Llámase Mandricardo.
y tiene...

Rodamonte. ¡Calla, infame, aquesa voca!
Ya mi remedio es tarde
y la paciencia por estremo es poca;
de mil tormentos pena:
¡O fiera casa, de demonios llena!
Desde el cimiento al techo
serás, por estar más derriuada.

Belardo. No me mate, aquesto es echo:
otro loco tenemos.

Rodamonte. Esta espada,
¿de qué me sirbe al lado?
Para mi pensamiento voy armado.
¡O fuego sin segundo,
que me abrasas, me quemas y atormentas!
Si eres común al mundo,
¿por qué raçón conmigo te contentas?
Ave, presto que me ardo,
sal de mi pecho, busca a Mandricardo.
¡O malditas paredes,
alcaguetas famosas, que nacisteis
para ganar mercedes
del dueño ynfame de quien echos fuisteis,
de aquella mi enemiga
por cuya causa el cielo me fatiga!
¿Por qué quando escriuía
en vosotros su gusto y mi deshonrra,
paredes, no os dolyays
os defendisteis y guardasteis della?
Mi daño desentendisteis,
pudiéndolo reprehender tiempo y ora.

2352-53. M.P., El hombre es bien hablado, / y aunque soberbio, humilde por extremo. 2365. M.P., Serás, por el cimiento derribada. 2370. M.P., Pero mi pensamiento vaya armado. 2375. M.P., Venid Presto que me ardo. 2376. Falta esta línea en la edición de Tortosa. 2382. T., Por quien agora el cielo me castiga. 2385-86. M.P., ¿paredes, no os dolía / de un hombre noble el daño de su honra, / y cayendo sobre ella / me defendisteis y librasteis de ella?

Pero, pues no lo hicisteis,
¡muera el ymfame dueño que en vos mora!

Belardo. ¡Aquí, pastores! ¡Ola! ¡Ola!
Rodamonte. Basta para cien mil mi mano sola.
¡Que se ayan atreuido a Rodamonte!
Belardo. ¿Aquéste es Rodamonte?
Socorro al cielo pido.
¡Ola, pastores! ¡Al monte, al monte!
Rodamonte. Aunque os bays al infierno,
os seguiré con mi tormento eterno.

Vanse.
Sale Bradamante, Oliueros y Durandarte.
Folio, 56

Bradamante. Entre el ayre fresco y blando,
por un no sé qué que tiene,
siento que Rugero viene
y que a mí se va acercando.
Por la costa viene el viento,
echo su aposentador:
ven presto, ben ya, señor,
echo está el acoximiento;
fuerça y valor más que umano
ay en mí para serviros.
Durandarte. ¡No fueran esos suspiros
por un guerrero christiano!
Bradamante. Yo quiero vien a Rugero;
dile mi palabra y mano.
Durandarte. Faltaua un hombre christiano;
agora un bárvaro fiero.
Bradamante. Paso, señor Durandarte,
que no es bárbaro de rrisa,
pues la christiana divisa
defiende en qualquiera parte.

Salen Rugero y Ferragut.

Rugero. No pases más adelante;
Ferragut, detente, espera,

2389-90. M.P., Pero, pues no lo hicisteis, / entonces, por mi mano caed ahora. / ¡Ah puerta que resistes / muera el infame dueño que en ti mora! 2395. M.P., ¡Hola, pastores! ¡Hao! ¡Al monte, al monte! 2400. T., Por el aire fresco y blando / y por un no sé que tiene. 2405. T., Venid más presto, señor. 2408. T., ¿No os obligan a veníros? 2416. M.P., Que no es Rugero de risa.

que ya e llegado yo a mi esfera
y e uisto a mi Bradamante.
Bradamante. ¿En qué aquí nos detenemos?
Salgamos de la floresta.
Esperad: ¿qué gente es ésta?
Rugero. Conviene que reparemos:
Ferragut, ¿no es estremada
la uelleça de mi dama?
¿No es dichoso quien la ama?
¡Qué vien la asienta la espada!
Ferragut. Ella es hermosa criatura,
y dudo que la ay tan vella;
¿saveys ques la espada en ella?
Visorrey de su hermosura.
Su velleça, a los más fuertes
priuó de vida, y ausente,
su espada es lugartiniente
en las ordinarias muertes.
Bradamante. Durandarte, ¿qué esperamos?
Durandarte. A saver qué gente es.
Bradamante. Si nosotros somos tres
y ellos son dos, ¿qué esperamos?
Ferragut. Rugero, quiero llegar,
y con alguna ocasión
trauaré combersación
donde los pueda nombrar:
haré que quede picada.
Rugero. Paréceme ques muy xusto
que le deys aqueste gusto.
Ferragut. Finalmente, ¿qué os agrada?
Esperad, que he de engañarlos:
pasaremos adelante.
Bradamante. ¡Si dixereis que Agramante
es vasallo del Rey Carlos!
Rugero. Ferragut, de nuestras vidas

Folio, 57

en esta refriega dudo;
que aquel braço siempre pudo
causar mortales heridas:
está más fuerte que roca.
Bradamante. A caso, si de amor te armas,
entra por aquestas armas.
Rugero. Por las de medio me toca.
Ferragut. Decid, locos temerarios,

2432. T., Y dudo que la haya más bella. 2446. T., Adonde os pueda nombrar. 2455. Este y los veinticinco versos siguientes faltan en la edición de Tortosa.

siendo Carlos vuestro Rey,
Rey sin justicia y sin ley,
de caualleros falsarios,
de las damas rrobador,
que a todos quiero ygualallos,
de Rey de tales vasallos,
¿vasallo a de ser traydor?

Bradamante. Pues, ¿cómo ansí os atrebéys?
¿Tan valientes soys y osados?
A muerte estáys condenados,
pero luego moriréys.
Decidme, ¿qué caualleros
an rrobado damas vellas?

Ferragut. Rouado y burlado dellas,
y pienso satisfaceros:
mirad si es rraçón bastante
para averlos injuriado,
pues que Rugero a dexado
por otra su Bradamante.

Bradamante. ¿Qué es aquesto que oygo, cielo?
Envayná, presto, envayná;
amigo, llégate acá,
pierde este temor y rrecelo;
dime: ¿casóse Rugero?

Ferragut. Muy a su gusto y contento.

Bradamante. Con nueba de tal tormento
¿qué vida tener espero?
¿Vistelo tú?

Ferragut. Vilo: yo
y aquel moro questá allí,
de quien teneys cierto el sí,
que nunca dirá de no.

Bradamante. Pues dél me quiero ynformar;
esperadme en esta parte.

Rugero. ¿Quién a de dexar de amarte,
si no hay más que desear?

Bradamante. ¿Saues nuestra lengua?

Rugero. Sí.

Bradamante Descubre el rrostro.

Rugero. No quiero.

Bradamante. Di, ¿conoces a Rugero?

Rugero. Conózcole como a mi.

Bradamante. ¿Vístele tú casar?

Rugero. A todo estube delante.

2485. M.P., Pierde el temor y recelo. 2492. M.P., Y aquel mozo que está allí. 2494. T., Porque presente se halló. 2503. M.P., ¿Y vístele tú casar?

Bradamante. Y, ¿con quién?
Rugero. Con Bradamante;
que con otra no ay lugar.
Bradamante. ¡A mi Rugero! ¿Qué as echo,
que ansí el vivir concluyo? Folio, 58
Aplícale calor del tuyo
aqueste mi elado pecho.
Rugero. ¿Qué parasisimo te a dado,
Bradamante, esposa mía?
¿Tanta a sido el alegría,
que el coraçón te a anegado?
Bradamante. Faltásteme tú, y faltóme
mi vida, y aunque acauó,
en el humo que quedó,
llegó tu luz, y encendíome.
Rugero. Esfuérçate, Bradamante,
arrímate aquí a este roble,
que no ay fuerça que le doble,
ni viento que le quebrante.
Los vraços de tu persona
aman esta dura piedra
qual ciñe al olmo la yedra,
y con ellos me corona.
¡O Durandarte, Oliueros!
Perdonad el no hablaros
y esta merced regraciaros,
digna de tales guerreros;
que la vista de mi esposa
me trujo a tales estremos.
Durandarte. Rugero, ya conocemos
tu voluntad xenerosa.
Bradamante. A fe, que puede ganar
Ferragut plaça despía:
¡bien finge, por uida mia!
!Bien saue disimular!
Ferragut. Bien: pues el dolor que siento,
también lo tapo y encubro,
y con boces no descubro
mi pena exesiva al biento.
Bradamante. ¿Quién causa ese dolor fuerte
y esa pena desygual?
Ferragut. ¿Quién? Una furia ynfernal,
una sombra de la muerte,

2508. M.P., que cuasi el vivir concluyo. 2509-10. T., Aplica ese calor tuyo / con el de mi helado pecho. 2524. M.P., Ciñan esta dura piedra. 2528. M.P., Perdonadme en no hablaros. 2534. T., Amorosa.

un Rodamonte, una fiera,
que a mi Celaura hermosa,
mi Celaura, dulce esposa,
de la vida desereda.
Yd a vuestro casamiento,
porque prolija mistoria.
dad principio a vuestra gloria,
que será el de mi tormento.

<u>Entra Lisdano alborotado</u>.

Lisdano. Si entre vosotros ay algún christiano
que la christiana ley siga y defienda,
venga a tomar bengança de un pagano,
de una vestia feroz que, a suelta rienda,
todo lo ua talando y destruyendo,
sin aver quien le enoje y le defienda.

Rugero. Sosiégate, pastor.
Lisdano. Venid corriendo.
Durandarte. El pagano, ¿quién es?
Lisdano. Un Mandricardo
que el cielo enbía por castigo orrendo;
aligerad los pies y el paso tardo,
que a Ceruino le queda dando muerte.
Durandarte. En sólo oyrte de coraxe ardo.
Rugero. ¿Por qué rraçón le trata desa suerte?

Folio, 59

Lisdano. Por la encantada espada Durindana,
la qual traýa el paladino fuerte.
Rugero. ¡O la gente báruara pagana!
Mandricardo, si esperas a Rugero,
tu muerte es cierta y su historia llana.
Ferragut. Aunque de ley contraria, seguir quiero,
¡o valiente Rugero! tus pisadas.
Rugero. Pastor, ¿adónde queda el monstruo fiero?
Lisdano. ¿Ves desde aquí las ojas plateadas
de aquellos blancos álamos?
Rugero. Sí vemos.
Lisdano. Pues allí están.

2547. M.P., Un Rodamonte, una sierra. 2549. T., Mi amada y querida esposa. 2550. M.P., De la vida me destierra. 2552. M.P., porque es prolija mi historia.
2566. M.P., el Tártaro feliz, fiero y gallardo.
2570. M.P., ¡Muera la gente bárbara y pagana!
2572. M.P., Tu muerte es cierta y su victoria llana.
2578. T., Pues desnudad las bárbaras espadas.

Rugero. Desnudas las espadas
a vengar a Cervino caminemos.
Durandarte. Nosotros, a quien la ley obliga
por la mucha amistad te seguiremos.
Ferragut. Rugero, cada qual es bien te siga,
por ese mucho esfuerço quen ti mora,
porque esta vengança se consiga.
Rugero. Vamos, que nuestra suerte se mexora;
venid corriendo a mí, que apenas toco
la dura tierra; seguidme, mi señora.
Lisdano. Llegad muy presto, no tengáys en poco
la fiereça del báruaro gallardo.
Folio, 60

Entra Belardo aluorotado y banse todos, y queda Lisdano.

Belardo. Lisdano amigo, ¿as uisto acaso el loco?
Lisdano. ¿Por qué loco preguntas? Di, Belardo.
Belardo. Por el temido y bravo Rodamonte,
de quien la muerte sin pensar aguardo.
Saues que hombre es el que si un monte
en la ercúlea ceruiz pone y lebanta,
no dudo que lo asiente y lo transmonte.
La tierra pisa apenas con la planta,
quando lança un temor, un terremoto,
que al cielo admira y al infierno espanta.
No dexa sierra, valle, prado o soto
que todo no lo queme y lo destruya
con ynfernal estruendo y alboroto.
Tal es la fuerça y ligereza suya,
que a los leones mata con la vista,
y al viento alcança aunque más le huya.
Éste es, en fin, que no ay quien le resista:
cuenta tú de tu loco diferente,
que por bos la tierra se conquista.
Lisdano. Es aquel Mandricardo rrayo ardiente,

2580. M.P., Nosotros, que es a quien la ley obliga.
2583. T., Por el valor y esfuerzo que en ti mora.
2584. M.P., y porque. 2586. T., Venid seguidme a mí.
2587. M.P., La dura tierra; sígueme, señora.
2594. M.P., Sabes que es hombre, que si acaso un monte.
2596. T., Le arroje y le trasmonte. 2598. M.P., Cuando causa un temor, un terremoto.

digo, furia infernal; pero no ay nombre
que a sus obras le sea conveniente.
Belardo. ¿Que Mandricardo es el brauo hombre?
Lisdano. No es deste nombre por sus obras digno,
Folio, 61
que si mescuchas pienso que te asombre;
ya saues cómo en busca de Ceruino
de aquí fuimos los dos por el espada
de aquel que el mundo tubo por divino.
Llegamos, pues, al fin de la jornada,
donde el fuerte Ceruino está esperando
a qualquier guerrero en la estacada.
Mandricardo, feroz temor causando,
que su bista es ministro de la muerte,
mobiendo el paso y fiera voz alçando,
a Ceruino presenta desta suerte:
"¿as oído decir en este mundo
de Mandricardo, más que el mundo fuerte,
de quien se teme el mundo y el profundo,
de quien apenas fiera se defiende,
de quien en esfuerço sin segundo?"
Esto diciendo, del padrón desciende
a Durindaina, sin ningún rrecelo
del guerrero quel paso le defiende;
pero Ceruino, con christiano celo,
el paso muebe contra Mandricardo.
¡Tanto montara conquistar el cielo!
Belardo. De la suerte aventura el fin aguardo.
Lisdano. Encuéntranse los dos brauos guerreros,
el pensamiento en su presencia es tardo.
Tientan de las espadas los aceros,
Folio, 62
y llaman a las puertas de la vida
con desyguales golpes y severos.
Mas Mandricardo, fiera enbrauecida,

2612. M.P., ¿Que Mandricardo es el bravo hombre?... 2622. M.P., Que su diestra es ministro de la muerte. 2624. M.P., A Cervino le dice desta suerte. 2626. M.P., De un Mandricardo, más que el mundo fuerte. 2627. M.P., De quien se teme el cielo y el profundo. 2628-29. T., De quien tiembla el león porque le hiende, / y quien es en el mundo sin segundo. 2635. T., Belardo: ¿Qué más sucedio? 2636. T., Lisdano: Luego diré lo; M.P., De la fuerte.

como burlando entre tubo un tanto
por no ser de Ceruino homicida;
pero buelto el furor, fuera despanto,
qual el neruoso toro que en la plaça
en vez del hombre despedaça el manto,
de aquesa mesma suerte senbaraza
los golpes Mandricardo al christiano
y en mil golpes le rrompe y despedaça.
No contento con esto, el inhumano
en pedaços menudos le divide,
que buscarlos la bista era en bano.
En ese tiempo a Isauela uide
llorar el tierno y berdadero amante.
¡Mira qué sintiría en el instante,
que biendo a su Ceruino,
y siendo en armas más constante
quando quisiera darle dos abraços,
el cuerpo que en la vida abía querido,
en vano echaua los nudosos braços!
En tantas partes era diuidido,
que quando con el braço le abraçaua,
mil gemidos salieron de un gemido.
El coraçón, de estrecho se quexaua;
no ubiera miembro allí que no quisiera
que en premio de sus obras le llorara.

Folio, 63

Estaua aquel lugar qual sementera:
los miembros de Ceruino por semilla,
de que Isabela la cosecha espera.
Y qual si de una y otra partecilla
hubiera de nacer su amante al suelo,
la tierra enpieça con furor abrilla.
Echos los ojos nubes de su cielo,
lluebe sobre los miembros, de frío elados,
y a tanto llega su amoroso celo.
Ado quedauan de aquí ya encaminados

2643. M.P., Como urlando se entretiene un tanto. 2644. M.P., Cervín. 2645. T., Empero vuelto en fin fiera de espanto. 2648. M.P., De aquesa mesma suerte desembraza. 2650. M.P., que en mil. 2653. M.P., será en vano. 2655-56. M.P., Llorar el tierno y verdadero amante / y tras él con suspiros se despide. 2657. M.P., Que viendo a su Cervino hecho pedazos. 2658. M.P., y siendo en armas muy fuerte y constante. 2677. M.P., Y adonde quedan, van en caminados.

aquellos caualleros que aquí viste,
por quien entiendo que serán vengados.
Belardo. Con esa nueba me as dexado triste;
es nueba de dolor y pena fuerte,
y de bronce será quien la rresiste.
De aquesas malas, por la peor suerte,
es a mí parecer la de Ysauela
ques fuerte amor como la muerte.

Salen Mandricardo y Doralice.

Mandricardo. A vuestro rruego le dexo,
que no ay hombre que me duela;
de toda piedad me alexo.
Doralice. Yo, señor, por Isauela,
de vuestro rrigor me quexo.
Belardo. ¡O baliente Mandricardo
vos seáys muy bien venido!
Mandricardo. Alçad del suelo, Belardo,
a ser también reciuido.
Belardo. Aquesos braços aguardo,
y a la vella Doralice
vesar mil beces los pies.
Doralice. Alçaos, Belardo.
Mandricardo. Lo que hize
por la espada deste arnés,
¿Lisdano no te lo dice?
Belardo. Ya e sabido cómo al fin
diste la muerte a Ceruino, Folio, 64
y para vuestra arrogancia
no tiene España ni Francia
alcayde ni paladino.
Lisdano. Todo, señor, lo e contado,
y con el fuerte valor
que abéys la espada cobrado.
Mandricardo. ¡O espada, al fin la mexor
que tiene príncipe al lado,
al fin nombrada y gloriosa,

2683. M.P., De aquesas malas, por la peor suerte, / tengo, a mi parecer, la de Isabela, / que es fuerte amor así como la muerte, / ninguna cosa su dolor consuela. Falta este último verso en el manuscrito. 2700. M.P. añade los siguientes dos versos que no figuran en el manuscrito: yo te contaré después / como a mí me satisfice [*sic*]. 2705. M.P., Alcides ni paladín.

enbidiada y no enbidiosa,
que espero hacerte famosa,
y esto cumplirélo ansí,
pues dice el mundo de ti
que tú le diste valor;
pero en mi braços, mexor
tú lo reciues de mí!

Lisdano. ¡Qué braua arrogancia tiene!

Belardo. Quisiera, señor, contaros
una cossa que os combiene;
pero temiendo enoxaros,
la voz me turba y detiene.

Mandricardo. ¿Qué puede auer sucedido,
que ansí te turba el sentido
que para mí tanto monte?

Belardo. Pues saued que un Rodamonte
en vusca vuestra a benido.
Vino a parar a esta cassa,
y como yo no sabía
lo que entre vosotros pasa,
con mis manos, en su fría
ceniça vusquéle brasa.
Díxele del casamiento, Folio, 65
pensando darle contento.
¡Nunca yo se lo contara,
que por poco la abrasara
desde el estremo al cimiento!
Por encima de la fuente
le lleua su desatino,
con el furioso acidente;
él os busca, y de camino
ba destruyendo la gente.

Mandricardo. No más; que aquesta ocasión
a de darme la ocasión
que pide la espada mýa.

Doralice. Y la que siempre temía
mi turbado coraçón.

Mandricardo. Pues, ¿soy yo menos, señora,
quese villano de Argel?
¿Qué, te me pones delante?
¿Abrá Alcides semexante
si Doralice rrouada,

2712-13. M.P., Enbidiada y no enbidiosa, / por Héctor y Orlando estás / y agora por mí no más. 2745. M.P., Ha de darme la intención. 2749. M.P., Mi burlado coraçón. 2749-50. M.P., Dos versos aislados entre dos quintillas.

y rrobada aquesta espada,
y loco el señor de Aglante,
a Rodamonte doy muerte?
¿Tú no bes que de otra suerte
no es de ydalgo cauallero
matar con tan fuerte acero,
menos que un hombre tan fuerte?
Dexo que el cuello lo apruebe,
ques soverbio y descortés;
al blanco tuyo se atrebe
porque mi espada y tus pies
sobre su fiereça lleve.

<u>Entra Rodamonte</u>.

Rodamonte. Mientras que mesconde el cielo
aqueste infame villano,
causa de mi ardiente celo,
exercitando la mano
e de buscalle en el suelo.
Aquí le vengo a vuscar;
que este es el sitio y lugar
adonde suele acudir.
Doralice. Señor, si te puedes yr,
no te obligues a esperar.
Lisdano. Topado se an los dos fieros.
Doralice. ¡Señor!
Belardo. ¡Qué brauos guerreros!
Doralice. ¡A señor!
Mandricardo. Dexadme, señora.
Doralice. ¡Señor!
Mandricardo. Dexadme, en mal ora.
Rodamonte. Id, pensamientos, ligeros,
que no me bastan mis celos.
Doralice. ¿Queréysme este bien hacer?
Rodamonte. ¿Quién hablaua agora, cielos?
¿No es esta uoz de muger?
Ya me acompañan recelos.
¡O santo Alá! ¿Es este sueño?
Sin duda al alma le enseñó
a engañar la fantasía.
¿Mandricardo no trayа
por armas un cortado leño?
¿Cómo trae agora espada?
Pero no deue ser él,
aunque tiene vista ayrada.

2757-66. Estos versos M.P. se los atribuye a Doralice. 2761. M.P., Dejo que el cielo le pruebe. 2778. M.P., Dexadme, agora. 2790. M.P., corto.

Mas al fin viene con él
aquesa hermosa granada   Folio, 66
que solo quitar me toca.
¡A granada verde y loca,
verde y agria te coxí,
y agora te ueo allí
dulce y madura en su voca!
Su divino resplandor
hace que mi yntento tuerça,
o almenos temple el furor.
No ay váruaro cuya fuerça
no vence fuerça de amor.
Belardo. Buelve los ojos, y belos
como nobillo con celos,
que dilatando la guerra
están pisando la tierra
y alçando el polvo a los cielos.
¿Qué diera Francia por ver
lo que ver agora aguardo?
¿Quién dice que a de vencer?
Rodamonte. Dime, ¿eres tú Mandricardo?
Mandricardo. ¿Quién, si no yo, puede ser?
¿Ay hombre que me parezca,
que asida al lado merezca
la prenda que al mío ves?
Rodamonte. Diráslo quando a mis pies
primero la uida ofrezcas.
¡O Mahoma, muera el perro!
Mandricardo. Diráslo quando prouares
el duro encantado yerro.
Rodamonte. ¿Qué ymporta que te rrepares,
si deste golpe me encierro?

Entra Gradaso y un moro.

Gradaso. !Paso, guerreros! Respetad siquiera
el rrostro de un amigo.
Doralice. Cauallero,
tened el vraço al fuerte Rodamonte,
mientras el de mi esposo Mandricardo
con amorosas lágrimas detengo.
Gradaso. ¡A, noble Rodamonte! ¿Desconoces
de tu Gradaso el rrostro?
Rodamonte. Bien te ueo;
mas, ¿cómo a Doralice no conoces
aquella yngrata que cobrar deseo?
Mandricardo es aquel, de cuyas voces

2820. M.P., Tu triste vida fenezca. 2825-26. T., Como tú muchos millares, / de aqueste mundo destierro.

menos esfuerço quél temido creo
si puedo yo temer: dexadme un poco,
Folio, 67
questoy de celos y de rrauia loco.

Gradaso. ¿Qué cossa es questando en este punto
la guerra y Agramante en tanto aprieto,
que todo su poder tubiesse junto
al Rey christiano, para aqueste efecto,
vengas a perder tanto de tu punto,
que sólo aceptes desafío inepto
y dexes a Agramante entre enemigos,
siendo para este tiempo los amigos?
Vuelbe, vuelbe los exos a tu fama,
y aqueste moro que contigo viene,
el qual de parte de su Rey te llama,
que su defensa en esas manos tiene.
Y vos, gran Mandricardo, ilustre dama,
mirad lo que a Agramante le conviene
la ayuda de los dos; dexa esta tierra,
que tiempo abrá después para la guerra.

Mandricardo. Yo digo de mi parte que la dexo,
queriendo Rodamonte; y que me ofrezco
boluer en defensa de Agramante.

Rodamonte. Y yo también lo digo; pero mira
que en acauando esta uatalla, tengo
de bolver a cobrar a Doralice.

Mandricardo. Lo mismo digo: cóbrala si puedes;
que yo por tu soberuia y arrogancia
Folio, 68
sin otro yntento sé que te buscara.

Gradaso. Cauallos ay, que bastan hasta el campo,
y si no los ubiere, aquesta xente
dará lo que tuviere de labrança.

Belardo. Bamos, que yo daré los que tubiere.

Gradaso. Id, Rodamonte, vos siempre delante.

Rodamonte. ¡Quánto vien me quitas, Agramante!

Vanse.

Sale Rugero, Bradamante, Oliveros y Ferragut.

Rugero. En gran rregocixo y gloria
dentro de Arles están,

2836. M.P., Menos esfuerzo que he temido creo.
2844. M.P., Que sólo aceptes desafío y reto.
2856. M.P., Queriendo Rodamonte: que me esfuerzo.
2869. M.P., ¡Oh, cuánto bien me quitas, Agramante!

pues que los soldados van
publicando la uitoria.
Agramante ba uencido,
y Carlos es bencedor;
vitoria de tanto honor,
digna de Carlos a sido.
Oliveros. El que bimos yr huyendo,
era el tercio de Brancardo.
Ferragut. ¡Poderoso Alá! ¿qué aguardo,
tal desbergüença sufriendo?
¿Cómo mi balor constante
me tiene suspenso ansí?
¿Cómo no salgo de aquí
para vengar a Agramante,
o derreniego de amigos?
¡Amistad, que a tanto llegas!
Rugero. ¿De tus amigos rreniegas?
¿Qué harás de tus enemigos?
Ferragut. ¡O santo Alá, tu mentiendes!
Rugero. Y yo sé tu boluntad.
Ferragut. ¿Ansí pagas la amistad?
¿La ley christiana defiendes?
Aquesta a tu carga toma,
defiéndola con tu mano,
pues ya te buelves christiano;
que yo defiendo a Mahoma.
Rugero. Si entiendes mi coraçón,
¿para qué hablas ansí?
Ferragut. Tú me conoces a mí,
y yo tu mala yntención;
mi ley, que es rraçón, defiendo,
y bendrá el tiempo, Rugero,
en el qual hacer espero
que...
Rugero. Ya te entiendo:
matarásme, xactancioso.
Anda, que yo soy Rugero,
y darte rrespuesta espero Folio, 69
en tiempo más peligroso.
Oliveros. Ayrado parte el morillo;
mucho presume de brauo.
Rugero. Que son palabras, al cauo,

2879. T., Bradamante, no era Arnoldo? 2885. T., A socorrer a Agramante. 2894. M.P., Aquesa. 2903. M.P., y vendrá tiempo, Rugero. 2905. M.P., No más, que ya entiendo. 2909. T., En lugar.

de brauo me marabillo;
  su secta persigo, al fin,
y si a Mandricardo hallara,
cierto estoy que me pagara
su muerte, la de Cervín;
  enpero, pienso bengarle.

Bradamante. Tu yra y pasión reporta,
hagamos esto, que inporta,
que es entrar oy en Arles.

Rugero. Tú me quitas y desvelas
la pasión que me avasalla.

Bradamante. Lleguemos a la muralla;
que la avisen centinelas.

Vanse y salen Agramante, Marsilio, Mandricardo, Doralice, Gradaso, Rodamonte.

Agramante. ¡Por el divino Alá, que xustamente
con Rodamonte aqueste enoxo tengo,
pues me a dejado en la ocasión presente!
  ¿No es bueno que por él huyendo vengo,
dexando el cerco y el yntento bano,
que apenas a hacer alto me detengo?
  Y ese fiero Rugero, medio christiano
¿piensa no a de ser aqueste agrauio
vengado xustamente por mi mano?
  ¿Cómo, famoso rey valiente y sauio,
entre enemigos a tu amigo dexas?

Rodamonte. Nunca por mi ocasión, señor, te agrauio.
  De Rodamonte sin rracón te quejas;
de todos los demás, con xusta causa,
juntas con todas hallarás tus quejas
  que la culpa que tengo, no causa,

2921. M.P., que es entrar hoy en Arle. 2924-25. T., Llegar quiero a la muralla / y avisar las centinelas. Menéndez Pelayo tiene razón cuando dice: "En esta misma edición se añaden los versos siguientes, que no están en el manuscrito: Bradamante. ¡Hola de muro! ¿Hay quien abra? 2925. Un centinela. Camarada, la bellesta
en un pensamiento apresta.
¿Quién va?
Bradamante. Amigos [*sic*]
Un centinela. ¿Quién sois?
Bradamante. Christianos guerreros.
2927. M.P., Nunca por mi razón, señor, te agravio. T., Nunca por ocasión. 2929. M.P., en vano.
2932. M.P., Y el cruel Rugero, que medio cristiano.
2942. M.P., Un Agricán, por armas de Rugero.

un águila, por armas de Rugero,
que a tu bida y ayuda pone pausa.
Ni ya la espada ni el Frontino quiero,
ni todo lo demás, que la discordia
Folio, 70
a sido agora de tu campo fiero.
Procura en tales casos la concordia,
xusticia haciendo, dando premio al bueno,
y al malo, en rrigor, misericordia.
Vengo mi honor, Rey, y no el ageno;
a Doralice pido.
Mandricardo. Yo defiendo
a Doralice.
Gradaso. Y yo a los dos defiendo,
que el Rey en todo yrá justicia haciendo.
Agramante. No quiero aventurar guerreros tales.
¿Tú la pretendes?
Rodamonte. Yo la pretendo.
Agramante. Pues para que los dos quedéis yguales,
xurad que pasaréis por lo que hiciere,
sobre las manos de Marsilio, reales;
porque si Doralice a uno escogiere,
la volundad no puede ser forçada
la lleve de los dos el que quisiere.
Marsilio. ¿Xuráys que aquesta ley será guardada?
Rodamonte. Sí xuro, digo.
Marsilio. Allega, Mandricardo.
Mandricardo. Yo pasaré por la sentencia dada.
Agramante. Pues, Doralice, sólo agora aguardo
que te declares escogiendo al uno.
Doralice. Con la mucha vergüença me acobardo,
y si pudiera no escoger ninguno,
lo hiciera; mas tengo, alfin, esposo,
y entre los dos, avorrezco el uno,
el uno de los dos es vitorioso,
y uno de los dos el que aborrezco.
¿Qué dudo, por un sí tan vergonçoso?
Folio, 71
Pues alma y vida a Mandricardo ofrezco.
Rodamonte. ¡A un Rodamonte atropellas!

2951. M.P., Agramante: Y yo a todos refreno. 2952-54. M.P., Gradaso: Yo la justicia de los dos defiendo, / y hasta verla muy bien, nadie condeno. / Y lo que fuera justo en todo haciendo. 2964. T., Yo apruebo aquesa ley por ti ordenada. 2969. M.P., lo hiciera; pero tengo, al fin, esposo. 2970. M.P., Y entre los dos abrazo sólo al uno. 2972. M.P., y el uno.

¡A un Mandricardo señalas?
¡Por la luz de las estrellas
que soys las mugeres malas,
y tú, más que todas ellas!
¡Yra de Dios te destruya!
Sentencia es aquesta tuya,
tuya es aquesta sentencia:
quien me ofende en mi presencia,
quede ofendido en la suya.
¡O, fuego de Dios descienda
sobre tanto sufrimiento!
Pero juré en la contienda,
y es bastante juramento
para que yo no te ofenda.
No huuo en hombres poder
para poderme bencer,
y a permitido Mahoma
que se diga que me doma
el gusto de una muger.
¡Yngrata, ofendido me as!
Y ofensa es que vengaré
en mugeres, qual verás:
tú, porque yo lo xuré,
libre de pena serás;
pero morirán las otras,
buenas, malas, unas y otras...
¿Qué me detengo, qué hablo?
¡A, mugeres, lleue el diablo
a la mejor de vosotras!
!A, dura sentencia fiera,
que de mi muerte inxustamente trata,
pues me manda que muera,
yo moriré por mi enemiga ingrata!
¡O, duras omicidas
mugeres, para nuestro mal nacidas!
Soys la misma mudança,
o más mudables que veleta al viento
soys la desconfiança,
y si alguna a de aver, es de tormento:
¡O duras omicidas
mugeres, para nuestro mal nacidas!
Dicen ques amor tierno,
y frágiles vosotras y que excede
su dureça al ynfierno; Folio, 72

2994. Falta esta quintilla en la edición de Tortosa. 2995. T., ¡Mujer, ofendido me has! 3005-6. M.P., ¡Dura sentencia y fiera, / que de mi muerte trata. 3012. M.P., Mudables más que el viento.

vuestra dureça, ¿quién quebrantalla puede?
¡O, duras omicidas
mugeres, para nuestro mal nacidas!
  Yo parto donde pienso
gastar la triste vida que me dieres,
Alá divino, inmenso,
en sólo decir mal de las mujeres;
y ¡el que esto no dijere,
puede hacer quenta que en mis manos muere!

[Vasse]

Mandricardo. Vete con tu locura,
pues dices mal del vien mayor que a dado
a mortal criatura
el que todas las cossas a criado:
¡O, siempre agradecidas
mugeres, para nuestro vien nacidas!
  Aliuio de la pena,
o compañía del trauajo nuestro,
de mil regalos llena,
qualquiera mal descansa el placer vuestro.
¡Seréys de mí queridas,
mugeres, para nuestro bien nacidas!
  Siempre en los castigos,
de la blandura madres amorosas,
concordia de enemigos,
más que el hombre en las ciencias yngeniosas:
más fuertes y atrevidas,
mugeres, para nuestro bien nacidas!
  ¡O, Reynas de criança,
mansas, humildes, francas, liverales!
¡O puertos de bonança,
siempre del hombre con yngenios tales
goçadas y ofendidas, Folio, 73
mugeres, para nuestro bien nacidas!
  Hablara eternamente,
si tubiera las lenguas de la fama,
lo que mi alma siente,
que es báruaro sin ley quien os disfama:

3020. M.P. quebrantalla. 3038. T., Que en cualquier mal hallamos solaz vuestro. 3041. M.P., ¡Ocio de los castigos! 3050. M.P., Siempre del hombre con engaños tales.

¡el que otra cosa dixere,
puede hacer quenta que en mis manos muere!

Entra Ferragut.

Ferragut. ¡Alá, señor, te guarde en paz dichosa!
Agramante. ¡O honor d'España!
¿Cómo vienes tan tarde?
Ferragut. Porque fortuna vence, el tiempo engaña.
Tu desgracia e sauido.
Agramante. Y ¿puedo ser de ti favorecido?
Ferragut. Saued que con Rugero
a los muros de Arles e llegado,
de quien tener espero
vengança cierta por lo que a yntentado;
pues negando a Mahoma,
a pesar nuestro, la christiana toma,
allá, señor, le dexo,
que ante Carlos se ofrece y se presenta
aquel ynfame viejo
que entre los doce de su ley le asienta.
Ardese en fiestas Arles,
que a la yglesia le lleua a baptiçarle.
Agramante. No será, si puedo.
¡Ea, famosos Reyes, a estoruallo!
Ya fuera ynjusto miedo;
salgan los que pudieren a cauallo;
Folio, 74
bamos, questán seguros,
dexarán el baptismo por los muros.

3057. M.P., Y ¡el que esto no dijere! 3061. M.P., ¿Cómo vienes tarde? 3067. M.P., de quien tomar espero. 3070. M.P., La ley cristiana, a pesar nuestro, toma. 3077. M.P., No será, si yo puedo. 3082. M.P., por el bautismo dejarán los, muros. Según M.P. "Deste aquí difiere enteramente el texto de la edición de Tortosa, que dice asi: Vanse: salen al bautismo los Doce Pares con fuentes y toa: as; el Emperador, Rugero y Bradamante a la postre.

Emperador. Digo que no podré al vivo,
Rugero, manifestaros,
ni con palabras mostraros,
el contento que recibo.
Mi persona se os ofrece,
y en ella tendréis favor,
pues vuestro mucho valor
no menos honra merece.
Junto con el que has mostrado
vuestra amada y bella esposa,

que cristiana, más hermosa,
me tendrá más obligado.
  Adonde asiste la Reina,
a dalle noticia vamos.

Doralice. Nosotros participamos
del contento que en ti reina.

Rugero. En aquel dichoso día
que a tu Alteza soberana
vi, escogí tu ley cristiana
por mejor que no la mía.
  Por el interés que gano,
y la loa que granjeo,
fui siempre y tuve deseo
de ser, como fui, cristiano.
  Dame a besar esas manos
que tantos bienes me han hecho.

Emperador. ¡Por mi vida, que sospecho
que han sido cuentos livianos!
  Da a mi sobrina la mano
de que serás su marido.

Rugero. ¿Tanto bien ha merecido
fe de pensamiento humano?
  Vos queréis que pierda el seso:
la mano doy temerosa.

Bradamante. La que os doy será de esposa.

Rugero. Por esclavo me confieso.
Señor, que con la sangre que así llueve
de tus manos, lavaste mi desgracia,
y mas blanco y mas puro que la nieve,
dejas con el bautismo, agua de gracia.
  El alma, que conoce lo que debe,
agradecida, la merced regracia,
pues que por ella me prometes gloria,
dando con esto fin a nuestra historia.

Salen al baptismo, Rugero, Carlos, Bradamante, un sacerdote, un sacristán, dos niños con velas blancas, otros dos con fuentes, el padrino y la madrina, y los demás que pudieren salir al acompañar: a de auer un altar muy bien adereçado, y Rugero a de yr vestido de blanco; ponen en el altar velas y fuentes.

Niño. Cierto que vengo molido:
Pasqualico, ¿cómo vienes?
Otro. Tal, que me duelen las sienes,
y el braço traygo entomido.
Otro. Pongamos aquí estas fuentes
mientras llega el baptiçado.
Otro. Si está aquí todo recado,
el agua y los adherentes.
Otro. Plega a Dios que no sea en bano,
y no, señor, vuelba en lloro
la fiesta; que de buen moro
nunca salió buen cristiano.

Llegue el baptismo.

Carlos. Ya, Rugero famoso, se a llegado
el venturoso día quando el cielo
os reciue por hijo rregalado.
Bradamante. Qual águila real, con veloz buelo
rompe las nubes, y en el cielo santo
hacéys la presa para mi consuelo.
Mi coraçón reciue goço tanto
en veros, señor mío, en ese punto,
adornado con ese blanco manto,
que si de Francia y aun del mundo junto
tubiera el cetro, sé que deseara
ser, qual veis que soy, vuestro trasunto.
Rugero. A la hermosa vuestra, vella y rrara,
de mi victoria el principal trofeo
se debe atribuir, esposa cara.
Por vuestra causa en Jesucristo creo,
a quien, con rraçón y afecto ardiente,
como a mi sumo vien servir deseo.

Folio, 75

Sacerdote. Ynclinad las rrodillas, de excelente
echo de aquella poderosa mano,
ya puestas en la ocasión presente;
dime, Rugero, ¿quieres ser cristiano?

3089. M.P., Está aquí todo el recado. 3106. M.P., ser, cual veis que ya soy, vuestro trasunto.

Rugero. Ya una vez te dixe que lo era,
¿para qué me repites lo que es llano?
Sacerdote. Pues no tenojes: venga esa crismera:
aquesta agua te limpie del pecado
y restituya en la bondad primera.
Digan todos amén.
Todos. Amén.
Madrina. ¡Quán deseado
a sido a todos tan deseado día!
Ya, pues, Rugero, estáys baptiçado,
causa de nuestro goço y alegría;
Conviene que sepáis la ley christiana,
ya no avéys de hablar más algarauía;
auéys de andar muy a la pata llana,
y no ay ragcá, regcá, ques cosa indigna;
obediente seréys a la rromana
yglesia, y sabréys Salue, Regina,
Pater noster y el Credo, y todo aquesto
os lo e de enseñar yo como madrina.
Rugero. A obedecerte en todo estoy dispuesto.
Madrina. Y al señor padrino, que es muy justo.
Padrino. Si aguarda tu grandeça en este puesto,
una cosa veréys de mucho gusto.
Carlos. En ocasión de rregocijo tanto,
hagan fiestas y ruegos, que es muy justo,
por el baptismo y desposorio Santo.
Sentémonos aquí.
Madrina. Recoje el manto.

<u>Salen la máscara, y acauada, diga Rugero:</u>

Folio, 76

Rugero. Por las mercedes que oy e rreceuido
de aquesta santa y poderosa mano,
por las quales me veo enrriquecido,
como de hijo vuestro y de christiano,
ofrezco um puro coraçón rrendido,
que en darle a tam buen dueño tanto gano,
que la paga y el premio será la gloria;
y con esto doy fin a nuestra historia.

<u>Vanse por su orden.</u>
<u>Finis. Laus Deo.</u>
<u>Fin de la comedía de "Los celos de Rodamonte."</u>

3122. Todos: Amén. Esta palabra falta en la edición de M.P. 3133. Menéndez Pelayo dice: "Si este final es de Lope (lo cual dudo muchísimo), debe de estar horriblemente corrompido por los cómicos o por los copistas."

NOTAS

Las primeras escenas de _Los celos de Rodamonte_ están tomadas del _Orlando innamorato_ de Matteo María Boiardo; o sea las escenas "en que el tártaro Mandricardo jura vengar a su padre Agricán, muerto por Orlando, y recibe las armas encantadas de Héctor el troyano por intermedio de la hechicera Febosila, episodio que Ariosto recuerda de paso en el canto XIV al mencionar los guerreros que intervienen en el asedio de París" (Antonio Portnoy, pág. 181).

43-48 Agricán, padre de Mandricardo, Candrimando y Celaura, figura en el _Orlando innamorato_ y en el _Orlando furioso_ con el nombre de Agricane, rey de Tartaria. En el _Orlando innamorato_ es también otro cortejador de Angélica.

63 _Orlando_: La historia nos informa que Orlando era gobernador de Bretaña y que murió combatiendo contra los sarracenos en la famosa batalla de Roncesvalles (778). G. B. Bolza, en la nota 6 de la tabla genealógica de su _Manuale ariostesco_ (Venezia: Munster, 1866) sostiene que era hijo de Milón de Aglante y de la hermana de Carlomagno, Berta. Antes de que naciera Orlando, Milón y Berta vivían juntos ocultamente. El duque de Baviera, al enterarse de este amorío, les hizo casar, pero el emperador Carlomagno les expulsó del reino. De camino, Berta dio a luz a un niño que tan pronto como oyó acercarse al padre se le rodó al encuentro. Así que Milón, mimándole, le llamó en su idioma"mon petit Roland," nombre que los italianos tradujeron, por eufonía, a Orlando.

Lope de Vega nos ofrece una versión española del nacimiento de Roldán en _La mocedad de Roldán_:

> En lo espeso deste monte
> llegó el tiempo limitado
> de parir la Infanta triste;
> bajéla, Celio, llorando.
> Era el sitio, de una cuesta,
> aunque breve, lo más alto;
> toméla por las espaldas,
> y ceñida con mis brazos,
> parió con mayor dolor
> que ha sentido pecho humano;
> y dando el niño en la yerba,
> fue por la cuesta rodando.
> . . . .

Y como _rouler_ en Francia
es rodar, y fue rodando,
luego que nació, Roldán
nos pareció bien llamarlo.
(_Bibl. Aut. Esp._, CCXXXIV, pág. 31)

Cervantes, ferviente lector de Ariosto, estaba enterado del cambio eufónico del nombre Orlando. Al hablar de la locura de Orlando en la Sierra Morena, dice Don Quijote a Sancho Panza: "Y, puesto que yo no pienso imitar a Roldán, o Orlando, o Rotolando (que todos estos tres nombres tenía), parte por parte, en todas las locuras que hizo, dijo y pensó, haré el bosquejo, como mejor pudiere, en las que me pareciere ser más esenciales" (_Don Quijote_, ed. Martín de Riquer, pág. 238). Don Quijote nos da también una descripción de la fisonomía de Roldán: "De Roldán, o Rotolando, o Orlando, que con todos estos nombres le nombran la historia, soy de parecer y me afirmo que fue de mediana estatura, ancho de espalda, algo estevado, moreno de rostro y barbitaheño, velloso en el cuerpo y de vista amenazadora, corto de razones, pero muy comedido y bien criado" (_Don Quijote_, ed. Martín de Riquer, págs. 550-551). Cabe añadir que Orlando o Rolando aparece en varias obras de Lope de Vega, entre las cuales destacamos: _El marqués de Mantua_, _Un pastoral albergue_, _Angélica en el Catay_, y el _Premio de la hermosura_.

62-80 Amos Parducci (pág. 175) senaló que la muerte y el bautizo de Agricán derivan del _Orlando innamorato_ (I, XIX, 2). Entre las ciento cinco composiciones inspiradas en el _Orlando furioso_ que el hispanista francés, Maxime Chevalier, ha compilado hábilmente en su estudio, figuran cinco romances inspirados en el _Orlando innamorato_ (I, XIX, 12-17), tres de los cuales tratan del bautismo y de la muerte de Agricán.

101 _Agramante_ es el Agamenon sarraceno que lucha contra Carlomagno en Francia. Ariosto alude al conflicto entre estos dos reyes en el exordio del _Orlando furioso_:

Damas, armas, amor, y empresas canto,
Caualleros, esfuerços, y cortesía
D'aquel tiempo, que a Francia daño
tanto
Passar Moros el mar de Berueria,
D'Agramante fu Rey siguiendo quanto
Con juvenil furor les prometía,
En el vengar la muerte del Troyano,

Sobr'el Rey Carlo emperador Romano.
(Trad. de Jerónimo de Urrea [1550], pág. 5)

102 *Arle*: Ciudad de la Provenza mencionada en el *Orlando furioso* (XXXIX, 72).

166 *Hechura*: "Para dar a entender que un señor ha valido a qualquiera persona, y le ha puesto en estado y honor, dezimos ser este tal hechura suya: y para mayor encarecimiento e hipérbole, dezimos ser criatura suya, y que le deve el ser...." (Covarrubias). Así dice el hijo de Reinaldos y Claricia al rey Carlos en *Las pobrezas de Reinaldos*: "Tu vasallo y tu hechura soy, señor" (*Bibl. Aut. Esp.*, CCXXXIV, pág. 134).

179-180 En estas escenas Lope se inspira en los cantos II y III del *Orlando innamorato*. He aquí un resumen: Al querer vengar a su padre Agricán, Mandricardo va al Poniente sin armas y caballo porque desea conquistarlos con su valor. Habiendo llegado a Sira, entra en un pabellón y queda en poder de una hechicera, la cual le cuenta que Eneas le dio a ella las armas de Héctor, excepto la espada que de la reina Pentesilla había pasado a Orlando. Para poseer esas armas, es necesario superar muchas dificultades, entre las que destacan el matar a feroces monstruos. Mandricardo lo consigue todo; se apodera de las armas troyanas y se hace partidario de Agramante en la guerra contra los cristianos. Amos Parducci (pág. 173) hizo ver que Lope adaptó los siguientes versos de *Orlando innamorato*:

> Si partì di nascosto, e sconosciuto,
> Ed a fortuna tutto s'abbandona,
> Senz'arme a piede, come peregrino,
> Prese verso Ponente il suo cammino.

193 Era *Marte* el dios de la guerra entre los antiguos romanos.

197 Aquí el término *furor*, según Covarrubias, tiene el significado de "ira colérica con furia, que se passa presto."

205 *Aquiles*: "El más famoso de los héroes griegos, biznieto de Júpiter, nieto de Eaco é hijo de Peleo, rey de los mirmidones... y de la diosa del mar la nereida Tetis... Después de... muchos hechos heroicos... murió ante la puerta Scea herido en el talón (el sitio vulnerable) por una flecha disparada por

Apolo, ó según otra tradición por París á la puerta del templo de Apolo..." (*Enc. Univ. Ilust.*).

215 *Etna*: "Lo que está muy encendido y ardiente, y como echando llamas. Díxose assí a semejanza del monte Etna, que está en el Reino e isla de Sicilia, y arroja continuamente fuego. Es voz muy freqüente en la Poesía" (*Dicc. de Aut.*).

215 *Esterope y Bronte*: Cíclopes mitológicos.

241-242 Aquí parece que Lope tuvo un lapso, ya que Aquiles murió antes que se abrieran las puertas al famoso caballo de madera.

241 *Troya*: "Región de Assia la menor, en la qual fue ciudad de Ylion, do residió la corte del rey Priamo. A esta mesma llamaron también los escritores Troya, la qual destruyeron los Griegos" (Covarrubias).

246 *Eneas*, hijo de Venus y de Anquises, fue uno de los más famosos héroes que combatieron en la guerra de Troya. Sólo otro troyano fue más famoso que él, Héctor. Cuando los griegos abrasaron a Troya, Eneas se huyó de la ciudad con su padre, madre, e hijo. Después de mucho errar, llegó a Italia, donde se casó con la hija de un poderoso rey y fundó una ciudad. Ha sido siempre considerado como el fundador indirecto de Roma, porque Rómulo y Remo, los verdaderos fundadores, nacieron en la ciudad que edificó su hijo, en Alba Longa. El vate romano, Virgilio, inmortalizó al héroe troyano en *La Eneida* (Edith Hamilton, *Mythology* [New York: The New American Library, 1940], págs. 220-221).

250 *Almonte*: Padre de Orlando.

251 El *paladín* valiente es Orlando. Aquí y en otros versos de nuestra comedia, Lope se refiere así a Orlando por antonomasia.

254 *Aqueronte*: "Hijo del Sol y de la Tierra, á quien Júpiter, enojado porque había surtido de agua á los Titanes, que pretendían escalar el cielo, lo precipitó en los infiernos, transformándolo en un río que tomó el mismo nombre" (*Enc. Univ. Ilust.*).

256 *El espaldar*: "Armadura de la espalda,..." El "peto" es "la armadura del pecho a pectore" y gola es "la armadura del cuello, que se pone sobre el peto, y espaldar" (Covarrubias).

260 *Acrisola* deriva de acrisolar que "Significa también dar esplendor y lustre a algunas cosas" (*Dicc. de Aut.*).

275 *Tebano Alcide*: "Es nombre de Hércules, dicho assí de la dictión Griega... *virtus robur*, *fortitudo*, y los más ciertos es ser nombre patronímico de Alceo su aguelo, padre de su padre Amphitrón" (Covarrubias).

280 *Padrón*: "Llaman una coluna sobre la qual se pone alguna escritura, que conviene ser pública, y perpetua" (Covarrubias).

290 *Blasón*: "Es la divisa que un caballero trae en sus armas y escudo: es nombre Francés" (Covarrubias). El sustantivo tiene su verbo correspondiente, blasonar. Lo utiliza Roldán en *Las pobrezas de Reinaldos*: "bién podéis blasonar de que os lleva/el fuerte hijo del troyano Anquises!" (*Bibl. Aut. Esp.*, pág. 87). En un soneto titulado "Contiene una fantasía contenta con amor decente" Sor Juana Inés de la Cruz dice: "Mas blasonar no puedes satisfecho/ de que triunfa de mí tu tiranía" (Arthur Terry, *An Anthology of Spanish Poetry 1500-1700*, Part II [London: Pergamon Press, 1968], pág. 198).

304-309 El escudo que encuentra Candrimando debe de ser el famoso escudo de Atlante usado por Mandricardo en el *Orlando furioso* (II, 54.55).

315-322 Esta inscripción, según ha notado Amos Parducci (pág. 169) es una reminiscencia del encuentro de Mandricardo y Zerbino. Lo que hace Zerbino con las armas de Orlando aparece en el *Orlando furioso* (XXIV, 57).

> Zerbin recogio pone el armadura
> Como un gentil tropheo sobre un pino,
> Y queriendo vedar que criatura
> No las armasse, estraño o peregrino,
> Entalla al verde tronco esta escritura
> Armadura d'Orlando el Paladino,
> Como si diga, alguno no las mueua
> Qu'estar no pueda con Roldán aprueua.
> (Trad. de Jerónimo de Urrea, pág. 212)

Análogo acontecimiento se relata en *Angélica en el Catay*:

> Colgada en aqueste ramo,

hoy por sí mismo responde.
Bien quedará desta suerte;
que a la espada de Roldán
justo respeto tendrán
los que lloraren su muerte.
  Ni pienso que habrá pagano
que se la pueda poner.
  (*Bibl. Aut. Esp.*, CCXXXIV, pág. 347)

318 *Arcildo y Tremedoro*: Gigantes mitológicos.

322 El *galardón* es "el premio que se da por alguna cosa bien hecha con franqueza e hidalguía: tomòse del nombre Francés *guerdon, praemium et remuneratio.* Proverbio, "A buen servicio mal galardón" (Covarrubias).

336 El *señor de Anglante* es Orlando.

364 *Alà*: "Voz de que usan los que quieren afectar el lenguage Arábigo, porque hai pocos que ignóren que Alá en Árabe quiere decir Dios: y en este mismo sentido se usa de ella, aunque en caso de duda se suele decir vulgarmente válgame Alá, si Alá es Dios" (*Dicc. de Aut.*).

366 *El austro*: "El viento que sopla de medio día, dicho en Latin *Auster, ab auriendis*, *aquis*, *licet non aspiretur in principio*. Es nebuloso, y humedo, y por esta razón los Griegos le llamaron ... *notus*, del nombre ... *humiditas, humor*. Plaga Austral, la que cae a medio día" (Covarrubias).

368 *Febo*: "Nombre del fabuloso Apolo, como dios de la luz, que en lenguaje poético se toma por el Sol" (*Dicc. Real Acad. Esp.*).

369 *Salmacia*: Es la Sarmancia, región de la Europa antigua.

370 Este mito aparece repetidas veces en las comedias de Lope. He aquí unos ejemplos: "amiga Celia, en mi coche, / tan sol de me libertad, / cuanto luego fui Faetonte (*Las bizarrías de Belisa*, *Clás. Cast.*, CLVII, pág. 122). "Ven a ver cuán envidioso / está el sol de los caballos, / porque quisiera roballos / para su carro famoso" (*El villano en su rincón*, *Clás. Cast.*, CLVII, págs. 19-20). En la nota a estos cuatro versos que acabamos de citar, Zamora Vicente comenta: "El carro del Sol, en el que los antiguos suponían que iba

el día. Generalmente, se asociaba al mito de Faetón, hijo del Sol, que condujo el carro un día, pero, inexperiente, no supo manejar bien los caballos. Júpiter lo castigó, precipitándolo."

371 *Libia*: Región de África.

373 *Cáucaso*: "Aplícase a la cordillera del cáucaso, situada entre los mares Negros y Caspio" (*Dicc. Real Acad. Esp*.)

378 *Señor de Aglante* es Orlando.

393 *Conde*: Referencia a Orlando.

402 *Erictonio*: En el mundo mitólogico figura como un ser mitad hombre y mitad serpiente criado por la diosa Atenas, a pesar del hecho de que era hijo de Hephaestus. Atenas dio una cesta, en la que había puesto al niño fabuloso, a las tres hijas de Cecrops, prohibiéndoles que la abriesen. Pero éstas la abrieron y vieron al niño mitad serpiente. Atenas se vengó enloqueciendo a las tres hermanas, las cuales se suicidaron despeñándose desde el Acrópolis. Erictonio llegó a ser rey de Atenas (Hamilton, págs. 292-293).

411 *¿Cúyo es este nabío*? Es una manera clásica para decir ¿de quién es este navío? Samuel Gili y Gaya, en su *Curso superior de sintaxis* (Barcelona: Biblograf, 1969, pág. 49) dice: "En los clásicos se encuentran ejemplos del empleo del interrogativo de cúyo: '¿Cúya es esta espada?' (Tirso)." Garcilaso de la Vega en su Égloga primera pregunta: "Tu dulce habla ¿en cúya orejas suena?" (Garcilaso de la Vega, *Obras*, *Clás. Cast*., III, pág. 9).

414 Las supuestas dos columnas de Hércules, a las cuales Covarrubias da esta definición: "Son dos montes, que están en el estrecho, que llamamos de Gibraltar, el que está en la parte de Africa llaman Abyla, y el de nuestra Europa Calpe. Fingieron los antiguos, que estando estos dos montes juntos y continuos, Hércules los dividió: y assí se dio por allí entrada al mar Oceano, de que resultó el Mediterraneo."

424 De España soy.

427-428 Aquí parece que Lope se inspiró en los siguientes versos del canto I, 5 del *Orlando furioso*:

"Roldán, que fue gran tiempo enamorado/ D'Angelica la bella. . . . (ed. de Jerónimo de Urrea)." Piero Nardi, en su edición del Orlando furioso (Verona: Mondadori, 1970, pág. 52) señaló que Angélica es un personaje que salió acabada y claramente del Boiardo, el cual en el Orlando innamorato la presenta por vez primera como hija de Galfrone, rey del Catay (China Septentrional). Poseedora de una belleza seductora, Angélica es solicitada por varios caballeros que pelean entre sí para conseguirla. Entre estos varios caballeros se destacan Reinaldos, Roldán, Malgesí, Sacripante, y Ferragut.

Lope de Vega sintetizó satíricamente el resultado de la citada solicitud en un soneto que aparece en el acto primero de Peribáñez y el comendador de Ocaña. El referido poema dice así:

> Reinaldo fuerte en roja sangre baña
> por Angélica el campo de Agramante;
> Roldán valiente, gran señor de Anglante,
> cubre de cuerpos la marcial campaña;
> la furia de Malgesí del centro engaña,
> sangriento corre el fiero Sacripante;
> cuanto le pone la ocasión delante,
> derriba al suelo Ferragut de España.
> Mas, mientras los gallardos paladines
> armados tiran tajos y reveses,
> presentóle Medoro unos chapines;
> y, entre unos verdes olmos y cipreses,
> gozó de amor los regalados fines,
> y la tuvo por suya trece meses.
> (Clás. Cast., CLIX. pág. 30)

Véase las notas 603-616 de Alonso Zamora Vicente en la misma edición que acabamos de citar.

429 Es posible que Lope aluda al duelo entre Reinaldos y Orlando causado por Angélica. Este desafío entre los dos paladines es pospuesto por Carlomagno, el cual acude al lugar y hace cesar la pelea entre los dos caballeros prometiéndoles que Angélica sería entregada a quien matara a más enemigos en la batalla (Orlando furioso I, 8.9). Este inacabado desafío aparece también en Angélica en el Catay (Bibl. Aut. Esp., CCXXXIV, págs. 313-315). En esta comedia de Lope, según señaló Portnoy (pág. 187), "Por la seductora princesa se traban en pendencia Roldán y Reinaldos, olvidando su deber militar. . . . En el momento de desvainar las espadas llega el emperador Carlos, promete entregar la joven al que se muestre más digno

de ella por sus proezas, pero les aconseja no pensar en la suerte de París que está por caer en poder de Rodamonte." Una pendencia, algo modificada, entre Reinaldos y Orlando se produce también en _Un pastoral albergue_, otra obra de Lope (_Bibl. Aut. Esp._, CCXXXIV, págs. 217-219).

En el _Orlando furioso_ (I,8) Reinaldos se presenta como primo de Orlando: "Nata pochi dí inanzi era una gara / tra il conte Orlando e il suo cugino Rinaldo." Este parentesco se debe al hecho de que el padre de Reinaldos, Chiaramonte, era el hermano de Milón, padre de Orlando. Es interesante añadir que Reinaldos era, según Piero Nardi (pág. 53), el héroe predilecto de los cantores ambulantes italianos en los siglos XIV y XV. En Nápoles, los juglares se llamaban _Rinaldi_. Además, algunas hazañas de Reinaldos pueden verse aún hoy dibujadas con gran viveza de colores a los lados de algunas carretas sicilianas. Menos cegado por la pasión, y por eso menos insensible a la voz del deber, aparece en el _Orlando furioso_ espíritu más fuerte que Orlando; hacia el final del poema encarna el tipo de sabiduría triunfante, por virtud propia, y no como en el caso de su primo, por intervención externa.

Cervantes nos da la siguiente descripción de Reinaldos: "De Reinaldos . . . me atrevo a decir que era ancho de rostro, de color bermejo, los ojos bailadores y algo saltados, puntoso y colérico en demasía, amigo de ladrones y de gente perdida" (_Don Quijote_, ed. Martín de Riquer, pág. 550).

430 Alusión a la misteriosa huida de Reinaldos de la cárcel por intermedio de la diabólica magia de Malgesí, primo de Reinaldos y poseedor de fuerzas sobrenaturales (Véase _Las pobrezas de Reinaldos_, _Bibl. Aut. Esp._, CCXXXIV, págs. 125-127). Portnoy (pág. 260) señaló que Cervantes hace aparecer a Malgesí como mago y verdadero dueño del destino de los sujetos en las piezas dramáticas _La casa de los celos_ y _La selva de Ardenia_.

431 _Célica_: "Cosa que tiene propiedad del cielo" (_Dicc. de Aut._). Compárese: "Angélica no es del suelo / que es su nombre celestial" (_Angélica en el Catay_, _Bibl. Aut. Esp._, pág. 312).

431-436 Aquí Lope compara a Angélica con Elena, esposa de Menelao, causa de la guerra entre los griegos y troyanos. Según la leyenda, Elena, hija de Júpiter, era la mujer más hermosa del mundo. Tal era su belleza que no había príncipe griego que no hubiese querido casarse con ella. Y tantos eran los aspirantes a su mano que su padre mortal, el rey Tindareo, exigió de todos los príncipes aspirantes un solemne juramento que les obligó a sostener la causa del marido de Elena, en caso que alguien se apoderase de ésta. Cuando París, hijo del rey Príamo de Troya, rompió este sagrado juramento raptando a Elena, Menelao pidió la ayuda de todos los griegos para vengarse de París y rescatar a su esposa (Hamilton, págs. 178-180). Teniendo en cuenta esta alusión homérica sintetizada, parece que Lope nos presenta a una Angélica que se parece a la Elena carolingia, una mujer fatal cuya altanera y celestial hermosura perturbó tanto a los sarracenos como a los cristianos. Por eso en _Angélica en el Catay_ dice Sacripante: "Que anda en la guerra su nombre / y toda la guerra es ella" (_Bibl. Aut. Esp._, CCXXXIV, pág. 323).

432 _Menelao argólico_: Significa que Menelao era natural de Argos o de la Argólica, ciudad antigua de Grecia.

437 _Sándalo_: "Planta herbácea, olorosa vivaz ... con tallo ramoso de cuatro a seis decímetros de altura" (_Dicc. Real Acad. Esp._).

439 _Ferragut_: Es uno de los personajes de los poemas populares italianos en los que es llamado Ferraguto (de latín Ferracutus hierro agudo), y Ferragus; en el _Orlando innamorato_ es llamado Ferragù, y en el _Orlando furioso_ Ferrau. He aquí el retrato de Ferraguto que nos dibuja el Boiardo:

> Bruno era molto e de orgogliosa voce,
> Terribile a guardarlo nell'aspetto;
> Gli occhi avea rossi, con batter veloce.
> Mai di lavarsi non ebbe diletto,
> Ma polveroso ha la faccia feroce:
> Il capo acuto aveva quel barone,
> tutto ricciuto e ner come un carbone.
> (edición de Aldo Scaglione [Torino: Amorum libri, 1963], pág. 216)

Sobrino de Marsilio, rey de España, Ferragut mata a Argalia, hermano de Angélica en desafío. En los dos poemas italianos citados, figura como hombre bizarro y valiente. Véase la nota de Piero Nardi al verso 105 de su edición del _Orlando furioso_, pág. 56. En _Angélica en el Catay_, Lope le hace desempeñar un papel secundario, pero digno, y le llama Ferraguto.

445-450 El encantamiento de la belleza femenina y del placer sexual nos han brindado, desde tiempos inmemorables, a una sirena cautivadora que halaga a los hombres y les hace perder el juicio. La homérica Circe, que sedujo y convirtió en animales a los compañeros de Ulises, la mujer tartamuda que Dante vio en un sueño en su viaje por el Purgatorio, y Angélica representan una mujer hermosa en apariencia, pero interiormente pérfida y seductora de los sentidos. A pesar del hecho de que la hechicera por excelencia, la Circe ariostesca, es Alcina en el _Orlando furioso_, también Angélica posee ciertos poderes sobrenaturales, especialmente visibles al comienzo del _Orlando innamorato_, donde se presenta como una hechicera llegada al Poniente para perjudicar a los cristianos. Así nos la presenta también Lope en el primer acto de _Un pastoral albergue_, donde dice Angélica:

> Fiada en mi belleza y en mi anillo,
> rayo pretendo ser que oprima a Francia;
> mi esfuerzo está en querello o en decillo,
> que me ha dado el amor esta arrogancia;
> yo, de todos desprecio, al mundo humillo,
> que esta es la más gloriosa circunstancia,
> pues rendida jamás, por varios modos
> almas son de mi ley los hombres todos.
> (_Bibl. Aut. Esp._, CCXXXIV, pág. 198)

Una alusión al poder mágico de Angélica es visible también en _Angélica en el Catay_, donde el rey Carlos dice:

> ¿Una mora africana peregrina?
> ¿Una virgen doncella entre soldados?
> ¿Una hechicera, de nombrarla indina,
> rémora de varones esforzados,
> tal, que invisible dicen que camina,
> y que tiene los campos abrasados de veneno
> de veneno y conjuros?
> (_Bibl. Aut. Esp._, CCXXXIV, pág. 315)

456 _Sarmática_: "Perteneciente ó relativo á Sarmacio ó á sus habitantes" (_Enc. Univ. Ilust._).

458 _Olibia_: Es Libia, una región de África Septentrional, reino de Agramante.

458 _Tartaria_: Región del Asia y reino de Mandricardo.

461 Morisma: "Secta de los moros. Conjunto ó multitud de ellos" (Enc. Univ. Ilust.).

479-480 Ferragut se refiere a lo que siente por Angélica.

488 La divina indiana: Angélica.

492 Otra alusión al poder mágico de Angélica. Ferragut alude a la posibilidad de que Angélica se haya transformado en Celaura.

512 Esta parece una invención de Lope, puesto que en el poema de Ariosto Mandricardo no es el enemigo de la tierra de Ferragut.

518 Angosta: "Recogido, reducido, y estrechado, y lo contrario a ancho" (Dicc. de Aut.).

526 Diomedes: Es un héroe del asedio de Troya, rey de Aetolia, valeroso y obediente a la autoridad. Al regresar a su patria, descubrió que su mujer vivía en adulterio (Thomas Bulfinch, Bulfinch's Mythology [New York: Avenel Books, 1978], pág. 899).

542-546 Es el mismo escudo encantado mencionado anteriormente (véase la nota 304) con el que Candrimando espera castigar a Orlando, igual que Medusa con Atlante.

547 Cristiano conde: Orlando.

553 Febosila: Una invención de Lope.

579 Durindaina: Espada de Roldán que pertenecía a Héctor. En nuestra comedia, igual que en el Orlando furioso, Mandricardo se apodera de ella matando a Cervín, el cual la halló después que Roldán, enloquecido, la había arrojado de sí. Al final del poema italiano, Roldán la da a Rugero (XXXXIV, 16).

Joaquín de Entrambasaguas, en su Estudios sobre Lope de Vega (Madrid: Consejo Superior de Investigaciones Científicas, 1967, II, págs. 261-262), señaló que "Durendarte, Durindana, Durendal, Durandal o Durendart fue en un principio el nombre de la espada de Roldán, que luego vino a transformarse en el de un inexistente caballero, como ya se ve en los romances 'Muerto quedá Durandarte,' 'oh Belerma, oh Belerma,' etc. . . ." Véase la nota al verso 2415.

585 *Troyano*: Héctor.

589 *Tate*: "interj. que equivale a ¡cuidado! o poco a poco" (*Dicc. Real Acad. Esp.*). Al final del Quijote dice Cide Hamete a su pluma; "¡Tate, tate, folloncicos!/ De ninguno sea tocada" (ed. Martín de Riquer, pág. 1068).

623 *Ardenia*: Selva francesa mencionada en el *Orlando furioso* (XXVII, 101).

633 *Albaicín*: "Un barrio de la ciudad de Granada, adonde agora últimamente moravan los Moriscos della: y tomó este nombre de los de Baeça, que aviendo sido ganada de los Christianos se vinieron los vezinos della a Granada, y les dieron este sitio; por lo qual le pusieron este nombre de Albaizin, que vale tanto como de los de Baeça. Tamarid, Albaizin, el barrio de los fronteros venidos de Baeça" (Covarrubias).

634 *Rodamonte*: Rey de Argel y Sarza es otra creación boiardesca y una de las más felices. Se sabe que el Boiardo, cuando inventó a este personaje, hizo tocar las campanas del propio castillo (Rajna, pág. 28). Maxime Chevalier (págs. 90-91), sostiene que "El personaje de Rodamonte aparecerá esporádicamente en el romancero español en que ha de ser constantemente símbolo de valor y ferocidad. Se lee su nombre en versos de Lope (*Sale la estrella de Venus*. *Flor de varios romances nuevos*. Pedro de Moncayo. Barcelona, 1591, fol. 8 V° 10 r°. Véase Durán, núm. 33) y también en '*Por las montañas de Jaca*,' obra atribuida a veces a Lupercio Leonardo de Argensola (*Flor de varios romances nuevos*. *Tercera parte*. Felipe Mey. Valencia, 1593, fol 137 V° 138 V°. Véase *Rimas de Lupercio y Bartolomé L. de Argensola*, ed., José Manuel Blecua, I, Zaragoza, C. S. I. C., 1950, p. 295. Véase además Durán, núm. 1708). Igualmente figura en varias comedias de Lope, en comedias del jovan Lope sobre todo. Además de las refecciones del episodio que ofrece en *Los celos de Rodamonte* y *Angélica en el Catay*, el dramaturgo recordará más de una vez el rapto de Doralice por Mandricardo y el furor de Rodamonte (*El mesón de la corte*, jornada II, Acad. N., I, p. 294a; *Los locos de Valencia*, jornada I, Acad. N., XII, p. 430 b-421a; *El amigo por fuerza*, jornada II, Acad. N., III, p. 265b). De modo mucho más frecuente menciona a Rodamonte cuando quiere dar un ejemplo de valentía. . . . Pero no tardó el personaje en excitar el humor jocoso de los poetas. Su nombre se prestaba a

retruécanos fáciles."

645 Topacios: Son piedras preciosas de color verde. La sensibilidad de Lope para todo deslumbramiento le hacía singularmente propenso a entusiasmarse con joyas y suntuosidades ornamentales. Por eso, sus obras están llenas de alusiones a piedras y metales preciosos. Véase José Camón Aznar, "Citas de arte en el teatro de Lope de Vega," Revista de Ideas Estéticas (1945), 71-137; 233-74.

648 Genil: "Río caudaloso que pasa por la ciudad de Granada: dizen averse llamado río de San Gil, y los Moros le pusieron por nombre Genil, que vale semejante al Nilo: de Genilum, que vale semejante, del verbo Gebha, que vale asemejar y de nilum, río Nilo" (Covarrubias).

653 Cegríes: "Individuos de una familia del reino musulmán de Granada" (Dicc. Real Acad. Esp.)

654 Tarfes: Moros de Tarfia.

654 Los Almorabíes: Eran los Almorávides pertenecientes a "cierta nacíon de Moros Africanos, cuyo Rey era Iuzeph Tephin muy poderoso, y no menos venturoso. Passó su exercito a España, llamados por el Rey Moro de Sevilla, suegro del Rey don Alonso el sexto: el qual de secreto se entendía ser Christiano: su fin era apoderarse de todo lo que los otros Reyes Moros tenían en España. Sucedióle mal, porque dasavenidos los Almorávides con él, y con sus gentes, se dieron una cruel batalla entre sí, a donde murió el Rey de Sevilla, y su gente se desbarató, y todo el estado quedó por los vencedores" (Covarrubias).

655 Los Muças: Árabes que conquistaron a España en 711 bajo el mando del caudillo Muza Ben Noseir (Enc. Univ. Ilust.).

655 Vencerrajes: Abencerrajes. Individuos "de una familia del reino musulmán granadino, famosa en el siglo XV por su rivalidad con el linaje de los Cegríes" (Dicc. Real Acad. Esp.).

657 Aljubas: "Vestidura que usaban los Árabes: y parece era trage para hombres y mugeres de todas espheras, pues se hacía de texidos bastos, y también de telas ricas" (Dicc. de Aut.).

660 *Darro*: "Río de Granada: el que haze ruydo, o se despeña de alto a baxo, por peñas, o río del Arrayhan" (Covarrubias).

672-673 *Compárese*: "Mas, aunque sobre el cuerno de la luna/siempre se vio encumbrada mi ventura,/ tus proezas envidio, ¡oh gran Quijote!" (*Don Quijote*, ed. Martín de Riquer, pág. 30). Samuel Gili y Gaya, en *Tesoro Lexicográfico 1492-1726* (Consejo Superior de Investigaciones Científicas, 1957), Fascículo III, da la siguiente definición: "En los cuernos de la luna: estar, subir, poner; por estimación."

688 *Doralice*: Hija de Estordilán (Stordilano en *Orlando furioso*) rey de Granada, figura ya en el poema del Boiardo donde se encuentra sólo un indicio de la boda entre ella y Rodamonte. La creación del modelo de mujer fatua e inconstante parece ser ariostesca; y ariostesca es también su infidelidad hacia Rodamonte. Por otra parte, según Maxime Chevalier (pág. 106) "el romancero español hace de Doralice una enamorada fiel y una como réplica de la virtuosa Isabela."

703 *Adónde hacéis la jornada*: "Vale también la expedición a que se destina el exército" (*Dicc. de Aut.*).

706 *Y ame escrito que conbiene*: Y me ha escrito que conviene.

707 *Luego*: Significa "inmediatemente." "Se toma también por lo mismo que Después: y assí regularmente se dice, Primero esto, luego estotro" (*Dicc. de Aut.*).

787 *Acicate*: "Espuela para montar a la jineta, y la cual sólo una punta hierro con que se pica al caballo, y en ella un botón a distancia proporcionada, para impedir que penetre mucho" (*Dicc. Real Acad. Esp.*).

828 *Rugero*: Príncipe sarraceno, hijo de Rugero de Risa y de Galaciella, hija del rey Agolante y hermana de Troyano y Almonte, se convierte en cristiano porque quiere a Bradamante, una mujer cristiana. En el *Orlando furioso*, figura como caballero noble, cortés y valiente. A estas características alude también Don Quijote: "Y ¿quién más gallardo y más cortés que Rugero, de quien deciendenhoy los duques de Ferrara, según Turpín en su Cosmografía?" (ed. Martín de Riquer, pág. 548). Este abolengo aducido por Don Quijote es relatado en el *Orlando furioso* (III, 16-24). Al igual

que otros personajes de Ariosto, la popularidad de Rugero es visible también en el romancero. Maxime Chevalier, por ejemplo, ha reproducido veintiocho romances que tratan de los amores entre Rugero y Bradamante en su libro citado arriba.

851-852 Aquí hay una alusión a los versos 61-63, 65-66 del canto XLIV del _Orlando furioso_. Una adaptación de estos versos aparece en "Una promesa de Fidelidad," reproducida por Maxime Chevalier (pág. 189).

873 _Medoro_: Pio Rajna (pág. 252) sugiere que el nombre Medoro haya podido derivar de Mador de la Porte, el cual en _Lancelot_ acusa a Ginevra de envenenadora, y que al Ariosto le hubiesen caído en gracia los sufijos -doro (Teodoro, etc.) de origen griego. En el _Orlando furioso_ aparece por primera vez en el canto XVIII, 165, donde con su amigo Cloridano trata de rescatar el cuerpo de su difunto rey Dardinelo del campamento cristiano. En esta temeraria empresa muere Cloridano y Medoro queda herido, acontecimiento que causa la repentina llegada de Angélica la cual, al curar al herido moro se enamora y se casa con él. Después de haber pasado unos días juntos en la choza de un pastor, salen para el Catay. En los Cantos XXIX y XXX, 16, se alude a cómo irán a la India, y cómo Angélica le dará a Medoro el cetro del reino del Catay. A este amoroso acontecimiento está ligada la locura de Orlando. Lope sigue fielmente la versión de Ariosto en _Angélica en el Catay_ y en _Un pastoral albergue_.

899 _Engríes_: Envanece.

956-965 Rugero no puede contra el escudo encantado de Candrimando, un acontecimiento que Ariosto no trata en el _Orlando furioso_. Sin embargo es interesante notar que Rugero se sirve del escudo encantado de Atlante en varias ocasiones en el poema de Ariosto: lo usa contra uno de los criados de Alcinas (XI); ofusca la vista de sus enemigos (XXII, 78, 82); y lo echa en un pozo (XXII, 89, 92). El duelo entre Candrimando y Rugero parece ser una invención de Lope, ya que en el _Orlando furioso_ ocurre entre Mandricardo y Rugero (XXIX, 44). Maxime Chevalier reprodujo un romance que trata del duelo entre Rugero y Mandricardo titulado "Combate de Rugero y Mandricardo," el cual es una libre adaptación del _Orlando furioso_.

1026 _Con buen agüero_: Frase irónica que infiere mal agüero. "Presagio que algunos pueblos gentiles sacaban, ya del canto y vuelo u otros indicios que observaban en las aves, ya de señales que notaban en animales cuadrúpides, ya de fenómenos meteorológicos" (Dicc. Real Acad. Esp.).

1038 Que ya del Pó las orillas: Aquí hay un olvido geográfico: el Pó es un río italiano que pasa por la Lombardía, región de Italia Septentrional.

1134 Talando: Cortando.

1140-1141 Aquí Mandricardo alude a la desaparición de Rugero.

1145 Basiliscos: Palabra empleada frecuentemente por Lope en su teatro. "Una especie de serpiente, de la qual haze mención Plinio lib. 8. cap. 21. críase en los desiertos de África, tiene en la cabeça cierta crestilla con tres puntas en forma de diadema: y algunas manchas blancas sembradas por el cuerpo: no es mayor que un palmo, con su silbo ahuyenta las demás serpientes, y con su vista y resuello mata. Llamóse Regulo, o por la diadema que tiene en la cabeça, o por la excelencia de su veneno e imperio que tiene en todas las demás serpientes ponçoñosas" (Covarrubias).

1145 Etiopía: Región de África.

1154 ¡Olá. olá!: Según Zamora Vicente "Era salutación que solamente se dirigía a los inferiores en condición . . . La ausencia de respeto en el tratamiento queda revelada en la burla de Quevedo: 'Mandamos que nadie llame a nadie diciendo: Olá, hombre honrado, porque nadie, mientras esté vivo y sano, es honrado con olá, porque las honras' se suelen hacer a un muerto, pero no a un oleado, que aún vive" (La dama boba, Clás. Cast., CLIX, págs. 187-188).

1164-1214 El viaje de Doralice a Francia con motivo de unirse con su prometido esposo, Rodamonte, la riña entre Mandricardo y los criados de Doralice, y el rapto de ésta por Mandricardo son una adaptación libre de un episodio de Orlando furioso (XIV, 38-54). Una breve alusión a este viaje figura también en Angélica en el Catay (Bibl. Aut. Esp., pág. 317).

1177 Carça y Angelina: En el Orlando furioso Rodamonte es llamado rey de Sarza (XIV, 40); señor de Sarza (XXVII, 45). Geográficamente, Sarza era una antigua provincia de Berbería.

1178 *Caribdis*: Vórtice en la cuesta de Sicilia, frente a la roca de Escila.

1212 *Apoco*: De apocar, acortar, disminuir.

1214 *Esprime*: Exprime, de exprimir.

1250 *Esquadrón*: "Una de las partes en que se divide un regimiento de caballería, y cuya fuerza ha solido variar" (*Dicc. Real Acad. Esp*.).

1266-1373 Aquí el comportamiento del Mandricardo de Lope sigue al carácter personal del Mandricardo de Ariosto. Éste, según Bolza (págs. XI-XIII), es más caballero y señoril que Rodamonte. El aspecto físico del tártaro no es desagradable; va buscando magnánimamente a Orlando para probar su valor y vengar la muerte de su padre; sabe, en fin, hallar palabras melífluas para amansar a Doralice y llevársela consigo.

El episodio que relata el rapto de Doralice por Mandricardo aparece trastornado en el romance "Mandricardo liberta a Doralice," reproducido por Maxime Chevalier, el cual confirma que "El rapto de la princesa de Granada, relatado por Ariosto . . . se convierte aquí en un hecho de armas y de amor, por el cual Mandricardo presta ayuda, según la ley de caballería, a una beldad perseguida. Por otra parte, Doralice no tiene que agradecerle nada a Rodamonte, que no aparece en este romance como amante fiel e injustamente desdeñado" (págs. 85-89).

1268-1273 *O el mismo sol viene en ella*: La hermosura de la mujer comparada al Sol es un tema constante en la poesía y en el teatro del Siglo de Oro. Para la significación de otros símbolos del Sol, Véanse las págs. LVIII a LXII del prólogo de Ángel Valbuena Briones en *Calderón de la Barca-Dramas de honor* (*Clás. Cast*., LXXXXII).

1285 *Al de Sísipho semexante*: En este símil, Lope alude al renombrado mito de Sísifo, rey de Corinto, condenado por Júpiter a volver perpetuamente hasta la cima de la montaña la roca que en seguida va a volver a rodar cuesta abajo.

1318-1333 Es posible que en estos versos Lope se sirva del simbolismo del sol (concomitante de honra o fama) y del eclipse para subrayar metafóricamente la pérdida del honor de Rodamonte y el aumento del honor de Mandricardo (Véase, Auburn, La comedia española 1600-1680, Madrid: Taurus, 1968, pág. 240). Esta hipótesis es apoyada por lo que dice Mandricardo en Angélica en el Catay cuando ve a Doralice por vez primera: "Bella es la mujer, ¡por Dios!,/ vengarme en gozarla espero" (Bibl. Aut. Esp., pág. 357).

El marcado preciosismo aportado por el simbolismo del eclipse aparece con frecuencia y con variedad de significación en el teatro de Lope. Compárese:

Señora, a vuestra salud,
hoy cuantas cosas os ven
dan alegre parabién
y tienen vida y quietud;
que como vuestra virtud
era el sol que se la dio,
mientras el mal le eclipsó
también lo estuvieron ellas;
(La dama boba, Clás. Cast. CLIX, pág. 194)

1341 Plantas: Véase la nota 1549.

1363 Que ¡por el sol y mi ley!: Es posible que el sol en este verso simbolice el honor. Véase el prólogo de Ángel Valbuena Briones anteriormente citado.

1424 El episodio entre Rugero y Celaura parece ser otra invención de Lope.

1424 Espérame mar, detente: Según Ángel Valbuena Briones "El mar es un tema trágico que desde nuestra atalaya del siglo XX quizá pudiéramos llamar de sino trágico, y nos expresamos así porque es el árbol del romanticismo el que tenemos más cerca y el que todavía nos impide ver con claridad el bosque de la literatura" (El pintor de su deshonra, Clás. Cast., CXLII. págs. 193-194).

1525 Ebayna: Envaina.

1549 Planta: "La parte inferior del pié con que se huella y pisa, y que sostiene el cuerpo . . . Mend. Vid. de N. Señora, Copl. 2. Cuya tierna planta hermosa, / pisa del dragón más fiero / el voráz, rugiente, altivo, / sañudo, erizado cuello" (Dicc. de Aut.). Véase la nota al verso 1341.

1575-1576 El alma ausente me dice: Compárese:

¡Qué priesa celos me dan
en tantos inconvenientes,
porque ya el alma me dice,
viendo lo mucho que tardo,
que en brazos de Mandricardo
está alegre Doralice!
(Angélica en el Catay, Bibl. Aut. Esp. pág. 319)
Bien el alma me decía,
y a Tello se lo contaba
cuando el caballo sacaba,
y el sol los que aguarda el día,
que de alguna novedad
procedía mi tristeza,
viniendo a ver tu belleza,
(El caballero de Olmedo, Clás. Ebro, 28, pág. 63)

1579 ¿cómo me as dado del pie?: "Phrase que vale tratar con desprecio o poca estimación alguna cosa" (Dicc. de Aut.).

1580-1583 Celos: "Usado siempre en plural, vale la sospecha, inquietud, y rezelo, de que la persona amada haya mudado, o mude su cariño, o afición, poniéndola en otra" (Dicc. de Aut.). Lo que pueden causar los celos es muchas veces expuesto por Lope. Compárese: ¿Vendrás con celos? / Celos son para sospechas" (La dama boba, Clás. Cast., CLIX, pág. 255).

1582 Mal agüero: Según Zamora Vicente, en su edición de Las bizarrías de Belisa, pág. 150, "Es muy frecunte en Lope el considerar mal agüero cualquier circunstancia o decisión que surja inesperadamente en el fluir de la comedia. Comp.; 'Aquel abrazo postrero, / no en balde así lo nombró / tu lengua, lo tuve yo / en mis males por agüero' (Las mocedades de Bernardo, edic. Academia, VII, pág. 232a). ¿Aún no dijeras sí? / Téngolo por mal agüero' (El Perseo, edic. Academia, VI, pág. 76a)."

1587 Aguarda: "Significa también detenerse, no passar adelante, o no ir adelante: y en fuerza de esto, quando se va, o camina de campaña, o quando se corren parejas, se dice que los unos aguardan a los otros" (Dicc. de Aut.).

1588 ¿Qué nueva es la que traes?: "La especie o noticia de alguna cosa que no se ha dicho, o no se ha oído antes . . . Moret. Com. El caballero del Sacramento, Jorn. 3 Tom. IV. 'Que nuevas trahes de mi hija? / Nuévas son; pero son malas'" (Dicc. de Aut.).

1595-1614 Compárense estos versos con los pronunciados por Celindo en Angélica en el Catay:

Para abreviar, iban todos
sin pensamiento de guerra,
cuando un tártaro soberbio,
de quien el África tiembla,
llegó desnudo de honra
y vestido de fiereza,
al desarmado escuadrón,
cuya malla era cadenas,
cuyas armas eran voces,
tamboriles y jabebas,
y dando en ellas, nos quita
la hermosa y divina prenda.
(Bibl. Aut. Esp., pág. 317)

1598 Con la uelocidad de un suelto pardo: Compárese como Lope varía, de manera más eficaz, la analogía concerniente a la velocidad de Mandricardo en Angélica en el Catay:

No de otra suerte el halcón
entre los pájaros entra;
no de otra manera Bóreas
derriba las hojas secas;
no de otra suerte el villano
las rubias espigas siega;
(Bibl. Aut. Esp., pág. 317)

1621 Compárese esta furiosa indignación que Rodamonte desventa contra Mahoma con la expuesta en Angélica en el Catay:

¿El Rey tártaro al de Argel
tal atrevimiento tuvo?
¿Tal hazaña cupo en él?
¿Adónde Mahoma estuvo,
que no me vengara dél?
(Bibl. Aut. Esp., pág. 318)

1624 O perro: "Metaphóricamente se da este nombre por ignominia, afrenta y desprecio, especialmente a los Moros o Judios" (Dicc. de Aut.). Otro mote que se daba al moro en los tiempos de Lope era galgo. Cervantes, por ejemplo, dice; "En ésta sé que se hallará todo lo que se acertare a desear en la más apacible; y si algo bueno en ella faltare, para mí tengo que fue por culpa del galgo de su autor, antes que por falta del sujeto" (Don Quijote, ed. Martín de Riquer, pág. 95).

1626 Licor del Baco: Vino de Baco, dios del vino.

1632 Alcorán: "Libro sagrado de los musulmanes, que contiene las revelaciones de Mahoma" (Martín Alonso, Enciclopedia del idioma [Madrid: Aguilar, 1958], Tomo I). "La doctrina del Islam está contenida en el Corán (el Libro) y en la Sunna o tradición. El Corán es, a la vez, libro sagrado y código civil, político, penal, social y económico de los musulmanes" (Pedro Aguado Bleye, Manual de historia de España [Madrid: Espasacalpe, 1967], Tomo I, pág. 394).

1640 Albricias: "Regalo que se da por alguna buena nueva a la persona que trae la primera noticia de aquélla" (Dicc. Real Acad. Esp.).

1654 Hombre que biste de una tigre: Mandricardo.

1660-1665 Compárese:

Águila tengo de ser,
y a ti, por altas montañas,
Ticio te presumo hacer,
y comer de tus entrañas.
Tu sangre pienso beber.
(Angélica en el Catay, Bibl. Aut. Esp., págs. 318-319)

Compárese la intensidad que Calderón de la Barca da a esta hiperbólica ferocidad en El médico de su honra:

Átomos, ilusiones y desvelos,
no más que de una esclava, una criada,
por sombra imaginada,
con hechos inhumanos
a pedazos sacara con mis manos
el corazón, y luego
envuelto en sangre, desatado en fuego,
el corazón comiera
a bocados, la sangre me bebiera,
el alma le sacara,
y el alma, ¡vive Dios!, despedazara,
si capaz de dolor el alma fuera.
(Clás. Cast., CXLII, págs. 85-86)

1695 _Aredes_: Haréis.

1705 _En cobre ponte_: ". . . Ponerse uno en cobro: esto es, assegurarla, o assegurarse y resguardarse" (_Dicc. de Aut._).

1762-1763 Juego de palabras.

1906 _Coliges tú qué son celos_: Infieres tú que son celos.

1947 _Feudo_: Vasallaje, o sea "Tributo pagado por el vasallo a su señor (_Dicc. Real Acad. Esp._).

1974 _El Africano_: Rodamonte.

1984 _Tu hermosura es piedra ymán_: La hermosura de Celaura atrae igual que el imán, el cual es "Mineral de hierro que tiene la propiedad de atraer el hierro, el acero y, en grado menor, algunos otros cuerpos. Es una combinación de dos óxidos de hierro que a veces se halla cristalizada" (Martín Alonso, _Enciclopedia del idioma_).

1991-1992 El sol comparado con los ojos de la mujer.

2005 _Belardo_: Nombre poético de Lope. Según Aubrun y Montesinos "Como todo artista primitivo, Lope se complace en presentarse entre los personajes secundarios y comparsas, 'a veces pastor, a veces sacristán,' según el carácter de la pieza y lo que allí quiere expresar. A los ojos de los contemporáneos, esta máscara debió ser tan transparente como un seudónimo. Desde el tiempo en que los romances sobre su destierro, sobre sus amores con Elena Osorio e Isabel de Urbina--Belardo y Filis, Belardo y Belisa--se cantaban de un extremo a otro de España, todos debían saber quién era Belardo; sin duda alguna, los aficionados al teatro y los émulos del poeta no podían ignorarlo" (_El teatro de Lope de Vega_, ed. José Francisco Gatti Buenos Aires, 1962, pág. 36). Para las obras de Lope donde aparece Belardo, véase A. Castro, "Alusión a Micaela de Luján en las obras de Lope de Vega," _Revista de Filología Española_, 1918.

2015 _Olla_: "Vasija redonda . . . con una o dos asas, la cual sirve para cocer manjares, calentar agua, etc. Vianda preparada con carne, tocino, legumbres y hortalizas, principalmente garbanzos y patatas, a lo que se añade a veces algún embuchado y todo junto se cuece y sazona" (Dicc. Real Acad. Esp.).

2018 Y sigs.: Tema del Beatus ille que trata del sentido horaciano de la vida retirada expuesto reiterativamente por Lope. Compárese: "¡Dichoso el que da leyes a su casa / y en sus umbrales tan contento pasa!" (El villano en su rincón, Clás. Cast., CLVII, pág. 34).

2044 Y sigs.: Tanto en la poesía amorosa como en el teatro del Siglo de Oro, el sol solía ser equiparado a los hojos de la mujer. Lope emplea este símil repetidamente. Compárese:

> Agora
> conozco, hermosa señora,
> que no solamente viene
> el sol de las orientales
> partes, pues de vuestros ojos
> sale con rayos más rojos
> y luces piramidales;
> pero si, cuando salís
> tan gran fuerza traéis,
> al mediodía, ¿qué haréis?
> (La dama boba, Clás. Cast, CLIX, pág. 177)

2132 Tuerça: De torcer que "Vale assimismo desviarse, o apartarse del camino recto, volviendo hacia alguno de los lados . . . Lop. Pereg. lib. 2. 'Torcieron el camino de Almenara, y por la hermosura del valle . . . fueron caminando a Faura'" (Dicc. de Aut.).

2143 Véase como Lope sigue fielmente al Ariosto:

> Roldán que defendella se ha temido [la espada]
> Se fingió loco y la dexó en la vía:
> Mas quando su baxeza ya lo escuse,
> No podrá mi razón que yo no use.
> (Trad. de Jerónimo de Urrea, XXIV, 59)

2148 Ardid: "Artificio, medio empleado hábil y mañosamente para el logro de algún intento" (Dicc. Real Acad. Esp.).

2157 Y sigs.: Alusión a la causa de la locura de Orlando.

2160 Alcides: "Es nombre de Hércules dicho assí

de la dictíon Griega, . . . *virtus robur fortitudo*, y lo más cierto es ser nombre patronímico de Alceo su aguelo, padre Amphitrón" (Covarrubias).

2171 *Xarretera*: Jarretera, "Liga con su hebilla, con que se ata la media o el calzón por el jarrete" (*Dicc. Real Acad. Esp.*).

2172 Alonso Zamora Vicente, en su edición de *Las bizarrías de Belisa* (*Clás. Cast.*, CLXVII, pág. 167), hace ver que el color azul, dentro del simbolismo de los colores, equivalía a celos, y cita los siguientes versos de *Comparación con el significado de los colores* de Quevedo, *Bibl. Aut. Esp.*, LXIX, pag. 490:

> Es lo blanco castísima pureza,
> amores significa lo morado,
> crudeza o sujeción es lo encarnado,
> naranjado se entiende que es firmeza.
> Negro oscuro es dolor, claro tristeza,
> rojo-claro vergüenza, y colorado
> furor; bayo desprecio, y leonado
> congoja, claro muestra ser alteza.
> Es lo pardo trabajo, azul es celo,
> turquesado es soberbia, y lo amarillo
> es desesperación, verde esperanza..."

Véase W. L. Fichter, "Color Symbolism in Lope de Vega," *The Romanic Review*, XVIII (1927), págs. 220 y sigs.

2173-2178 Alusión breve y genérica al canto XXIII, 100, 107, 111, 114, 124, 128 del *Orlando furioso*. Tal alusión aparece más detallada y dramatizada en *Angélica en el Catay* (*Bibl. Aut. Esp.*, CCXXXIV, págs. 342-344). En *Un pastoral albergue*, pág. 232, hay una variación de como Roldán se entera del recíproco amor entre Angélica y Medoro: Lope se sirve de varios versos del famoso romance de Góngora titulado "Angélica y Medoro."

2177 *Talando el monte*: Cortando los árboles del monte.

2178 *Iracundo*: "El que tiene natural de airarse facilmente" (Covarrubias).

2179 *Almonte*: Alusión por antonomasia al padre de Orlando.

2183 *Cervín*: Es Zerbino en el *Orlando furioso*,

el cual es llamado el hijo del rey de Escocia (V, 67), el Caballero de Escocia (XXII, 3). Lope emplea esta antonomasia en *Angélica en el Catay*: "Cervín. De Escocia viene a la guerra / de París, cuando Reinaldos / fue por gente a Ingalaterra" (*Bibl. Aut. Esp.*, pág. 327). En esta misma comedia se relata, de una manera sintetizada, lo que le pasó a Cervín al haberse perdido Isabel en el mar. Sobre este último acontecimiento, véase la nota al verso 2208.

2189 Aquí Lope se inspira en el canto XXIV, 49 del *Orlando furioso*. Para una dramatización más detallada de esta alusión ariostesca véase *Angélica en el Catay* (*Bibl. Aut. Esp.*, págs. 347-349).

2195 *Troyano*: Héctor.

2197 *El paladín christiano*: Orlando.

2201 *Aquesta diestra*: "Se toma absolutamente por la mano derecha, y por el lugar adonde ella cae, como, Está sentado a la diestra de Dios Padre" (Covarrubias).

2208 *Ysauella*: Figura en el *Orlando furioso* como hija del rey de Galicia (XIII, 4). En el citado canto Isabela cuenta su historia: se había enamorada de Cervín, pero a este amor correspondido se impuso un obstáculo religioso, puesto que ella era sarracena y Cervín cristiano. Con la ayuda y complicidad de Odorico de Vizcaya planearon una fuga por mar. Desafortunadamente, una tempestad arrojó la galera en la que viajaba Isabel sobre una playa. Aquí fue capturada por unos ladrones que se propusieron venderla como esclava. Pero Orlando se encontró con los ladrones, hizo estragos de ellos, y libertó a Isabela. Véase *Angélica en el Catay*, *Bibl. Aut. Esp.*, pág. 325.

2209 *Endenantes*: "Antes. De uso vulgar en varias regiones de España" (*Dicc. Real Acad. Esp.*).

2212 *Loco paladín*: Roldán.

2213 *Polifemo*: Cíclope a quien Ulises, en la *Odisea* de Homero, cegó el único ojo que tenía.

2218 Y sigs.: Presentación burlesca de los esfuerzos sobrehumanos que se encuentran en hazañas épicas. Compárese: "Roldáan. ¡Oh villano, aún estás vivo! / aguarda; que de otro bote / te he de echar a las estrellas" (*Un pastoral albergue*, *Bibl. Aut.*

Esp., CCXXXIV, pág. 235).

2230-2237 Belardo simpatiza con Orlando y desdeña a Angélica y Medoro. En *Un pastoral albergue* un soldado dice que Medoro parece afeminado: "¿Clemencia a un moro / que afeminado y vil, Cerbris, pretende / parecernos mujer?" (*Bibl. Aut. Esp.*, pág. 224). Esta opinión la encontramos también en Cervantes: "Esa Angélica- respondió don Quijote-, señor cura, fue una doncella destraída, andariega y algo antojadiza, y tan lleno dejó el mundo de sus impertinencias como de la fama de su hermosura: despreció mil señores, mil valientes y mil discretos, y contentóse con un pajecillo barbilucio, sin otra hacienda ni nombre que el que le pudo dar de agradecido la amistad que guardó a su amigo. El gran cantor de su belleza, el famoso Ariosto, por no atreverse, o por no querer cantar lo que a esta señora le sucedió después de su ruin entrego, que no debieron ser cosas demasiadamente honestas, la dejó donde dijo: 'Y cómo del Catay recibió el cetro,/ quizá otro cantará con mejor plectro'" (*Don Quijote*, ed. Martín de Riquer, pág. 551). También Quevedo satiriza a Angélica y a otros héroes en su poema burlesco "Necedades y locuras del *Orlando enamorado*."

2242 *El tártaro sarrecino*: Mandricardo.

2243-2245 Es posible que en estos versos haya un olvido de Lope puesto que en *Los celos* . . . Cervín no pasa por el lugar de Belardo, ni hay diálogo directo entre ellos.

2278 *Palmito*: "Redrojos de palma, cuya medula y hijuelos se comen" (Covarrubias).

2281 *Encella*: "Un género de canasta hecha de miembres u de estéra, que sirve para formar los requesones y los quesos. . . . Lop. Dorot. f 97. ¡Suelen traher las Labradoras, en las texidas encellas, los naterones cándios" (*Dicc. de Aut.*).

2308 *Tálamo*: "Es nombre Griego, . . . el lugar eminente, en el aposento adonde los novios celebran sus bodas, y reciben las visitas y parabienes, sinifica algunas vezes la cama de los mesmos novios, y la quadra donde está" (Covarrubias).

2312 La pastora Belarda parece ser una invención de Lope; lopesco debe de ser también el verso en que se relata que Orlando ha puesto fuego a las paredes de la casa de Belarda.

2326 Compárese:

> Al cabo fue la historia reduzida,
> Y truxo el braçalete allí delante,
> Que al despedir por su tan buen seruicio
> Angélica le diera en beneficio.
> (Orlando furioso, trad. de Jerónimo de Urrea, XXIII, 120)

En Un pastoral albergue, Angélica regala el brazalete de oro, que era de Orlando, a Guarino, un anillo y cabestrillo a Peyrón, y una caja de joyas a otros pastores (Bibl. Aut. Esp., págs. 230-231). Medoro le da a Lucinda una sortija en Angélica en el Catay, pág. 337.

2329 Varrauás: Barrabás, el judío indultado con preferencia a Jesús.

2346 Membrudo: "Fornido, robusto y grande de cuerpo y miembros . . . Cev. Quix. tom. 2. cap. 14. 'Don Quixote miró a su contendor, y hallóle ya puesta y calada la celada, de modo que no le pudo ver el rostro; pero notó que era hombre membrudo, y no mui alto de cuerpo" (Dicc. de Aut.).

2351 Tebano: Natural de Tebas, ciudad de la Grecia antigua.

2371-2375 Según señala Zamora Vicente "El fuego fue muy utilizado como representante de las inquietudes amorosas, a lo largo de todo el teatro." '¡Que se me abrasa el alma! ¡Fuego! ¡Fuego!' (Vélez de Guevara, La serrana de la Vera. Teatro antiguo español, I, pág. 173). 'Fuego, fuego, que me quemo,/ que mi cabaña se abrasa' (Tirso de Molina, El burlador de Sevilla, Clás. Cast., II, pág. 209)."

2376 Y sigs.: Compárese: "Roldán ¡Oh cabaña vil, oh bosque,/ de mis agravios testigos!/ ¡Oh viles encubridores/de mis celos, oh villanos!" (Un pastoral albergue, Bibl. Aut. Esp., pág. 234).

2399 Bradamante, cuyo significado literal es amante de la espada (Bolza, pág. 55), se presenta en el Orlando furioso como hija del duque de Dordona, castillo en Guyena (XII, 20), y hermana de Reinaldos (XXXV, 38). El amor entre Rugero y Bradamante comienza en el *Orlando enamorado*, III, V, donde se relata su separación y cómo consecuentemente andan buscándose.

El papel que Bradamante desempeña en el poema de Ariosto es doble: no sólo representa la fidelidad femenil y devoción amorosa, sino que figura como valiente guerrera, capaz de competir con la fuerza varonil, sin perder su femeneidad. Su devoción amorosa, su coraje, lealtad y firmeza le aportan una conclusión feliz: en el canto XLV, 73, se casa con Rugero. De este matrimonio, según lo que se le dice a Bradamante en la cueva de Merlín (III, 22), deriva la estirpe de la familia Estensi, a la cual patentemente Ariosto cumplimenta por su mecenazgo.

Oliveros: En el poema de Ariosto, Oliveros figura como marqués honrado de Borgoña (XXII, 77), marqués de Viena (XXVII, 32), el cuñado del conde (XXXVIII, 30), y es el que presenta Rugero a Carlomagno (XXXXIV, 29). Aparece en el Romancero y en los libros de caballerías y es recordado especialmente por su desafío amoroso con Montesinos.

2404 *Aposentador*: "Nombre de oficio, que sirve de señalar y distribuir los parages y casas donde se ha de aposentar el que viene de fuera, y a cuyo cargo está prevenir lo necesario para el hospedage" (*Dicc. de Aut.*).

2415 *Durandarte*: Versión española de la palabra Durindana, espada de Roldán en el *Orlando furioso*. Según Menéndez Pidal, "Este Durandarte, . . . es parto de la musa castellana, desconocido en la literatura carolingia francesa; su origen es muy singular: el nombre de Durandarte se aplicaba antiguamente a la espada de Roldán (pues las espadas de los caballeros llevaban nombres propios, como las dos del Cid: Colada y Tizona); pero un poeta vulgar castellano, poco enterado de esto, tomó el nombre como de persona, y fantaseó sobre él la historia de un héroe, suponiéndole muerto también en Roncesvalle, como Roldán; supo adornar su invención con el sangriento legado que Durandarte hace al morir, lo cual dio al asunto una excepcional fama y popularidad; quizá se inspiró en el *Amadís*, quien al verse en un peligro, encarga a su escudero que si muere le saque el corazón y lo lleve a su señora Oriana, cuyo era" (Nota de Menéndez Pidal citada por Martín de Riquer en su edición del Quijote, págs. 703-704). Una versión "del sangriento legado que Durandarte hace al morir" la expone Cervantes en la cueva de Montesinos. Aquí se relata cómo Durandarte, al punto de su muerte le mandó a Montesinos que sacara de la mitad del pecho, con una pequeña daga, su corazón y que lo llevara a su señora Belerma (Don Quijote, ed. Martín de Riquer, pág. 704).

2421 Que ya e llegado yo a mi esfera: En la poesía amorosa del Siglo de Oro la mujer solía ser comparada también a una estrella radiante, cuyo simbolismo emanaba de la teoría platónica: "alma-mundo." En el Timeo, Platón relata el origen y el destino del alma. Al crear el universo, según Platón, Dios lo dividió en tantas almas como estrellas, y a cada alma le asignó una estrella a la cual el alma regresaba si obraba bién durante su existencia mortal. Sobre esta imagen véase mi artículo: "Fernando de Herrera and Neoplatonism," Hispanófila, 69 (1980), 54.

2434 Visorrey: Virrey.

2445 Trauaré combersación: "Vale también porfiar, disputar, o altercar. Ahora se dice, trabarse absolutamente, o trabarse de palabras" (Dicc. de Aut.).

2456 Refriega: "El reencuentro u contienda que tienen unos con otros" (Dicc. de Aut.).

2529 Regraciaros: Manifestar agradecimientos.

2564 Aligerad los pies: Quitad peso a los pies.

2573 Seguir quiero,...tus pisadas. "Phrase metaphórica, que significa imitar a otro, seguir su exemplo en todo" (Dicc. de Aut.).

2583 Mora: De morar. "Habitar o estar de asiento en algun lugar" (Dicc. Real Acad. Esp.).

2646-2673 La muerte de Cervín a manos de Mandricardo, tal como la presenta Lope en nuestra comedia, es una versión hiperbólica y burlesca de la original. En el Orlando furioso, Cervín sufre siete u ocho heridas graves por Mandricardo, y después de un conmovedor diálogo con su querida Isabela fallece en los brazos de ésta (XXIV, 380-476). En Un pastoral albergue, pág. 237, Lope concede una alusión breve a la muerte de Cervín: "Después que le dio a Cerbrín,/

joven valiente y gallardo,/ el bárbaro Mandricardo/ tan triste y mísero fin . . ."

Por otra parte, Lope se mantiene más fiel a la presentación de la muerte del Cervín ariostesco en _Angélica en el Catay_. En la primera escena de esta comedia, págs. 347-349 de la edición citada arriba, hay una adaptación sintetizada de los cantos XXIV, 49, 60, 70, 80, 85, 90 del _Orlando furioso_.

Maxime Chevalier (págs. 95, 113), indicó que el episodio conmovedor de los amores y la muerte de Isabela y Zerbino sedujo a los poetas españoles. Isabela es presentada como ejemplo de enamorada fiel y Zerbino como brillante personaje.

2674-2675 _Echos los ojos nubes de su cielo_...: En estos versos hay ecos gongorinos.

2686-2690 Alusión breve a la intercesión de Celaura por Isabela a fin de que Mandricardo cese de herir a Cervín (_Orlando furioso_, XXIV, 71). Véase parecida alusión en _Angélica en el Catay_, pág. 349.

2699 _Arnés_: "Armas de acéro defensivas, que se vestían y acomodaban al cuerpo, enlazándolas en correas y hevillas, para que le cubriesse y defendiesse" (_Dicc. de Aut_.).

2752 _Alcides_: Hércules.

2780 _Id, pensamientos, ligeros_: Según el profesor Schevill, en su edición de _La dama boba_ (pág. 277), el apóstrofe al pensamiento es muy común en Lope, y es un ardid dramático con la forma e índole de monólogo. Éste es raramente satisfactorio desde un punto de vista artístico porque la comedia propiamente dicha es intrínsicamente la de constante acción; de suerte que los monólogos, como quiera que sean breves, asumen una índole artificial. En la tragedia el monólogo es más apropiado por motivos de los momentos de pausa y deliberación los cuales ocurren en cada drama trágico.

2789 Rodamonte todavía no sabe que Mandricardo se ha apoderado de la espada de Roldán.

2807 _Nobillo_: "El toro o buey nuevo, que aun no está domado u sujeto al yugo" (_Dicc. de Aut_.).

2818 _Prenda_: Espada de Roldán.

2826 _Gradaso_ aparece como rey sericano (región de Asia) en el _Orlando furioso_ (II, 44). Partidario del ejercito de Agramante es muerto por Orlando en el canto XLI, 10. Cabe añadir que en el poema italiano el combate entre Rodamonte y Mandricardo es interrumpido por Doralice y un mensajero de Agramante, cuyo nombre no se menciona (XXIV, 110). En _Angélica en el Catay_, págs. 351-352, Sacripante y Ferragut son los que intervienen para que cese el duelo entre Mandricardo y Rodamonte.

2879 _Tercio_: "En la Milicia es el trozo de gente de guerra, que corresponde a lo mismo que Regimiento de Infantería" (_Dicc. de Aut_.)

2879 _Brançardo_ debe de ser un personaje ariostesco llamado _Branzardo_ que en el _Orlando furioso_ figura como uno de los reyes a los cuales Agramante hace vigilar el reino de África. Cuando los paladines franceses conquistan a Biserta, fortaleza de Agramante, se suicida (XL, 35).

2886 _Derreniego_: "Detestación de alguna cosa, o el acto de derrenegar" (_Dicc. de Aut_.).

2910 _Morillo_: "El muchacho Moro. Dícease por desprecio de qualquiera de ellos" (_Dicc. de Aut_.).

2915-2917 En efecto en el _Orlando furioso_ Rugero mata a Mandricardo en un duelo (XXIX, 45).

2944 _Frontino_: Caballo de Sacripante que primero se llamaba _Frontalatte_ (Frente de leche) y luego se llamó Frontino (XXVII, 71). Caballo montado también por Rugero, Bradamante y Roldán.

2956-3028 Aquí Lope se inspira en el canto XXVII, 104-121 del _Orlando furioso_. Parte del estribillo de la invectiva de Rodamonte es adoptada en _Angélica en el Catay_, cuando el rey Carlos dice a Angélica: "Dime, mujer para mi mal nacida," pág. 315. Según Maxime Chevalier (pág. 78) el fragmento de _Orlando furioso_ (XXVII, 121) "inspiró también a un enemigo del sexo femenino, el autor de una serie de octavas que se incluyen en el manuscrito 3915 de la Biblioteca Nacional (_Mugeres para nuestro mal nacidas_,...)."

3029-3058 La loa que Mandricardo hace de las mujeres parece ser invención de Lope.

3095 *Y sigs.*: Este bautizo presentado por Lope no tiene equivalente en el *Orlando furioso*, puesto que en el poema italiano Rugero se convierte en cristiano con la ayuda de un hermitaño (XLI, 52).

3106 *Trasunto*: "Copia o traslado que se saca del original" (*Dicc. Real Acad. Esp.*).

3119 *Crismera*: O *Chrismera*. "El vaso o ampolla de plata, en que se guarda la Chrisma." O sea "El azeite y bálsamo mezclado, consagrado, con que se unge al que se bautiza, y al que se confirma, y también á los Obispos y Sacerdotes quando los consagran y ordenan" (*Dicc. de Aut.*).

3127 *Algarauía*: "Es propriamente la lengua de los Alárabes o Algárabes, que quiere decir gente que vive hacia el Poniente, porque Garbi en Arábigo es Poniente" (*Dicc. de Aut.*).

3128 *La pata llana*: "Phrase adverb. que significa llanamente, sin afectación" (*Dicc. de Aut.*).

BIBLIOGRAFÍA SELECTA

EDICIONES DE LOPE DE VEGA:

Angélica en el Catay en Biblioteca de Autores Españoles, Tomo 234, ed. Menéndez Pelayo, Madrid, 1970.

Arte nuevo de hacer comedias y La discreta enamorada, Buenos Aires: Espasa-Calpe, 1948.

El arenal de Sevilla, Madrid: Austral, 1968.

El marqués de Mantua en Biblioteca de Autores Españoles, Tomo 234, ed. Menéndez Pelayo, Madrid, 1970.

El mejor alcalde, el rey y El remedio en la desdicha, ed. J. Gómez Ocerín y R. M. Tenreiro, Madrid: Espasa-Calpe, 1967.

El perro del hortelano y El castigo sin venganza, ed. Kossoff, Madrid: Castalia, 1970.

El premio de la hermosura en Biblioteca de Autores Españoles, Tomo 234, ed. Menéndez Pelayo, Madrid, 1970.

El villano en su rincón y Las bizarrías de Belisa, ed. Zamora Vicente, Madrid: Espasa-Calpe, 1963.

La dama boba en The Dramatic Art of Lope de Vega together with "La dama boba," ed. Schevill, Berkeley: University of California Press, 1918.

La dama boba, ed. Zamora Vicente, Madrid: Espasa-Calpe, 1963.

La Dorotea, ed. Morby Edwin, Berkeley: University of California Press, 1968.

Las ferias de Madrid en Obras de Lope de Vega, publicadas por la Real Academia Española, Nueva edición, Tomo V, Cotarelo, Madrid, 1918.

La mocedad de Roldán en Biblioteca de Autores Españoles, Tomo 234, ed. Menéndez Pelayo, Madrid, 1970.

Las pobrezas de Reinaldos en Biblioteca de Autores Españoles, Tomo 234, ed. Menéndez Pelayo, Madrid, 1970.

Los celos de Rodamonte, manuscrito de Osuna que se conserva en la Biblioteca Nacional de Madrid, número de identificación 16.907.

Los celos de Rodamonte en _Biblioteca de Autores Españoles_, Tomo 234, ed. Menéndez Pelayo, Madrid, 1970.

Los celos de Rodamonte en _Obras de Lope de Vega_, publicadas por la Real Academia Española, ed. Menéndez Pelayo, Madrid, 1902.

Lo que pasa en una tarde, ed. Picerno, Richard Angelo, Chapel Hill: University of North Carolina Press, 1971.

Los tres diamantes en _Biblioteca de Autores Españoles_, Tomo 234, ed. Menéndez Pelayo, Madrid, 1970.

Obras poéticas, ed. Blecua, Tomo I, Barcelona, 1969.

Peribáñez y el comendador de Ocaña, ed. Aubrun y Montesinos, París: Hachette, 1943.

Peribáñez y el comendador de Ocaña, ed. Zamora Vicente, Madrid: Espasa-Calpe, 1963.

Un pastoral albergue en _Biblioteca de Autores Españoles_, Tomo 234, ed. Menéndez Pelayo, Madrid 1970.

Ursón y Valentín en _Biblioteca de Autores Españoles_, Tomo, 234, ed. Menéndez Pelayo, Madrid 1970.

OBRAS Y TEXTOS DE OTROS AUTORES:

Aguado Bleye, Pedro, _Manual de historia de España_, Tomo I, Madrid: Espasa-Calpe, 1967.

Alonso, Dámoso, "Lope de Vega y sus fuentes," en _El teatro de Lope de Vega_, ed. J. F. Gatti, Buenos Aires: Editorial Universitaria 1962, págs. 192-218.

______, _Del Siglo de Oro a este siglo de siglas_, Madrid: Gredos, 1962.

______, _En torno a Lope_, Madrid: Gredos, 1972.

Alonso, Martín, Enciclopedia del idioma, Madrid: Aguilar, 1958.

Ariosto, Ludovico, Tutte le opere, ed. Segre, Tomo I, Verona: Mondadori, 1964.

________, Orlando furioso, ed. Nardi, Verona: Mondadori, 1970.

________, Orlando furioso, trad. Jerónimo de Urrea, 1550.

Aubrun, C. V., La comedia española, 1600-1680, Madrid, Taurus, 1968.

Blecua, José Manuel, Sobre poesía de la Edad de Oro, Madrid: Gredo, 1970.

Boiardo, Maria Matteo, Orlando innamorato, ed. Aldo Scaglione, Torino: Amorum Libri, 1963.

Bolza, G. B., Manuale ariostesco, Venezia: Munster, 1866.

Bruerton, Courtney, Las ferias de Madrid de Lope de Vega, Bulletin Hispanique, LVII, 1955, págs. 56-59.

Bulfinch, Thomas, Bulfinch's Mythology, New York: Avenel Books, 1978.

Casalduero, Joaquín, Estudios sobre el teatro español, Madrid: Gredo, 1962.

Calderón de la Barca, Pedro, A secreto agravio, secreta venganza, ed. Valbuena Briones, Madrid: Espasa-Calpe, 1956.

________, La dama duende y No hay cosa como callar, ed. Valbuena Briones, Madrid: Espasa-Calpe, 1973.

________, La devoción de la cruz, ed. Isidoro Montiel Zaragoza: Ebro, 1961.

Camón Aznar, José, "Citas de arte en el teatro de Lope de Vega," R I E (1945), págs. 71-137; 235-74.

Castro, Américo y Hugo A. Rennert, Vida de Lope de Vega, New York: Las Americas, 1968.

Cervantes, M. de, Don Quixote de la Mancha, ed. Martín de Riquer, Barcelona: Editorial Juventud, 1979.

Chevalier, Maxime, Los temas ariostescos en el romancero y la poesía del siglo de oro, Madrid: Castalia, 1968.

Clark, Fred M. Objective Methods for Testing Authenticity and the Study of Ten Doubtful Comedias attributed to Lope de Vega, Chapel Hill: Univ. of North Carolina Press, 1971.

Corominas, J., Diccionario crítico etimológica de la lengua castellana, Madrid: Gredos, 1954.

________, Breve diccionario etimológico de la lengua castellana, Madrid: Gredos, 1961.

Correa, G., "El doble aspecto de la honra en el teatro del siglo XVII," en Hispanic Review, XXVI (1958), págs. 99-107.

Correas, G., Vocabulario de refranes y frases proverbiales, ed. Combet, Burdeos, 1967.

Covarrubias Orozco, Sebastián de, Tesoro de la lengua castellana, o española, Madrid: Luis Sánchez, 1611.

__________, Tesoro de la lengua castellana...ed. Riquer, Barcelona, 1943.

Diccionario de autoridades publicado por la Real Academia Española, Madrid: Espasa-Calpe, 1963.

Diez Echarri, Emiliano, Teorías métricas del siglo de oro, Madrid: Consejo Superior de Investigaciones Científicas, 1970.

Enciclopedia universal ilustrada, Madrid: Espasa-Calpe, 1908.

Entrambasaguas, Joaquín de, Estudios sobre Lope de Vega, Madrid: Consejo Superior de Investigaciones Científicas 1967.

Fichter, William L., "Color Symbolism in Lope de Vega," The Romanic Review, XVIII, 1927, págs. 220-231.

_______, "New Aids for Dating the Undated Autographs of Lope de Vega's Plays," Hispanic Review, 12, 1941, págs. 79-90.

Fiore, Robert L., Drama and Ethos: Natural Law Ethics in Spanish Golden Age Theater, Lexington: University Press of Kentucky, 1975.

Froldi, Rinaldo, Lope de Vega y la formación de la comedia, Madrid: Anaya, 1968.

Gatti, J. F., ed., El teatro de Lope de Vega: Artículos y estudios, Buenos Aires: Editorial Universitaria, 1962.

Gerstinger, Heinz, Lope de Vega and Spanish Drama, trad. Samuel R. Rosenbaum, New York: F. Ungar Pub. Co., 1974.

Gili Gaya, Samuel, Curso superior de sintaxis española, Barcelona: Vox, 1969.

_______, Tesoro lexicográfico (1492-1726), Madrid: Consejo superior de Investigaciones Científicas, 1957.

Hamilton, Edith, Mythology, New York: The New American Library, 1940.

Hesse, Everett W., Análisis e interpretación de la comedia, Madrid: Castalia, 1968.

_______, La comedia y sus intérpretes, Madrid: Castalia, 1972.

Kossoff, David A. y José Amor y Vazquez, ed., Homenaje a William L. Fichter, Madrid: Castalia, 1971.

Lázaro, Carreter F., Estilo barroco y personalidad creadora, Madrid: Cátedra, 1974.

Ley, Charles David, El gracioso en el teatro de la península, Madrid: Revista de Occidente, 1954.

Maccurdy, Raymond R., The Tragic Fall: Don Álvaro de Luna and other Favorites in Spanish Golden Age Drama, North Carolina Studies in the Romance Languages and Literatures, 1978.

Maglione, Sabatino, "Fernando de Herrera and Neoplatonism," Hispanófila, núm. 69, 1980, págs. 45-71.

Maravall, José Antonio, Teatro y literatura en la sociedad barroca, Madrid: Seminarios y Ediciones, 1972.

Marín, Diego, La intriga secundaria en el teatro de Lope de Vega, Toronto: University of Toronto Press, 1958.

McKendrick, Melveena, Woman and Society in the Spanish Drama of the Golden Age, London: Cambridge University Press, 1974.

Menéndez, Pidal R., El idioma español en sus primeros tiempos, Madrid: Espasa-Calpe 1964.

_______, La lengua de Cristobal Colón, Madrid: Espasa-Calpe 1958.

_______, Manual de gramática histórica española, Madrid: Espasa-Calpe 1966.

_______, De Cervantes y Lope de Vega, Madrid: Espasa-Calpe 1973.

Menéndez y Pelayo, Marcelino, Estudios sobre el teatro de Lope, ed. Enrique Sánchez Reyes, Santander: Aldus, 1949.

Montesinos, José F., Estudios sobre Lope, Salamanca: Anaya, 1969.

Morley S. Griswold and Courtney Bruerton, The Chronology of Lope de Vega's Comedias, New York: Kraus Reprint Corp., 1966.

Navarro, Tomás, Métrica española, New York: Las Americas Publishing Co., 1966.

Parducci, Amos, La fortuna dell' Orlando furioso nel teatro spagnuolo Giornale en Storico della Letteratura Italiana, No. 26, 1937, págs. 167-79.

Parker, A. A., "The Approach to the Spanish Drama of the Golden Age," Diamante Series, 6 (1971), págs. 2-29.

Paz y Meliá, A., Catálogo de las piezas de teatro que se conservan en el departamento de manuscritos de la Biblioteca Nacional, Madrid: Blass, 1934.

Pérez, Luis C. y F. Sánchez Escribano, Afirmaciones de Lope de Vega sobre preceptiva dramática, Madrid: Consejo Superior de Investigaciones Científicas, 1961.

Pincus Sigele, Rizel y Sobejano Gonzalo, eds. Homenaje a Casalduero, Madrid: Gredos, 1972.

Portnoy, Antonio, Ariosto y su influencia en la literatura española, Buenos Aires: Estrada, 1932.

Rajna, Pio, Le fonti dell' Orlando furioso, Firenze: Sansoni, 1900.

Real Academia Española, Diccionario de la lengua española, Madrid: Espasa-Calpe 1956.

Terry, Arthur, An Anthology of Spanish Poetry, 1500-1700, New York: Pergamon Press, 1968.

Trueblood, A. S., Experience and Artistic Expression in Lope de Vega, Cambridge: Harvard University Press, 1974.

Valbuena, Briones A., Calderón y la comedia nueva, Madrid: Espasa-Calpe, 1977.

Weiger, John G., The Valencian Dramatists of Spain's Golden Age, Boston: Twayne Publishers, 1976.

Zamora Vicente, Alonso, Lope de Vega, su vida y su obra, Madrid: Gredos, 1969.